ROMÉO SANS JULIETTE

Collection animée par Soazig Le Bail,
assistée de Charline Vanderpoorte.

ISBN 978-2-36474-701-2

Couverture : Amélie Falière
DA couverture : Florie Briand
Maquette intérieure : Amandine Chambosse

Loi n° 49-956 du 16 juillet 1949 sur les publications destinées à la jeunesse

ROMÉO SANS JULIETTE

JEAN-PAUL NOZIÈRE

EDITIONS THIERRY MAGNIER

« On ne veut pas de gens qui aiment les nègres et les pédés dans cette ville. »

Un membre du Ku Klux Klan appelant la nuit au téléphone l'écrivaine Carson McCullers, après la sortie de son livre *Reflets dans un œil d'or*.

« Lorsque la Bêtise se fait trop puissante, lorsqu'elle glapit, piaille et siffle, couche-toi, ferme les yeux et imagine que tu es sur une plage, au bord de l'Océan. »

Romain Gary *(La nuit sera calme)*

Roméo sans Juliette est un roman, donc une fiction. Pourtant, des mots, des expressions, des situations viennent de la réalité, relatée par la presse ou entendue dans les tribunaux.

L'auteur

L'ANNONCE

Ce jour-là, j'apprends deux bonnes nouvelles. Il y a longtemps que ça n'est pas arrivé. Le directeur du Centre éducatif fermé donne la première. Il m'a convoqué dans son bureau. Je suis au Centre depuis six mois. Une durée qui semble aussi longue qu'une vie quand on a dix-huit ans.

Le dirlo m'attend assis derrière son bureau.

– Bon, Roméo, tu nous quittes aujourd'hui et j'en suis heureux. J'ai toujours détesté te voir chez nous. Ce que je connais de ton histoire me dit que ce n'était pas la meilleure solution… Bon, épiloguer ne sert à rien, ce qui est fait est fait.

Le directeur s'appelle Luc Poidirac. Il m'aime bien. Je l'aime bien aussi, enfin aussi bien qu'il est possible d'aimer une personne qui vous empêche de faire des tas de choses. Un gros type, à l'air épuisé du haut en bas et du matin au soir. Des poches sous les yeux. Quand il s'adresse à un des douze adolescents du Centre, on dirait qu'il retient ses larmes. « Ses pensionnaires », comme il dit. Les autres adultes qui nous surveillent n'emploient pas des mots aussi souples. Directeur d'un Centre éducatif fermé n'est pas un bon boulot pour lui. Ce jour-là, il est habillé comme tous les autres jours. Il porte un jean pourri, qui lui pend un peu aux fesses, et par-dessus son éternel pull, pas en meilleur état que le jean. Il a des lunettes aux verres teintés. Derrière, il y planque des yeux désespérés de voir des adolescents qui marchent au bord d'un gouffre et qu'il essaie d'empêcher de tomber.

– Vous parlez du passé, monsieur Poidirac, et j'ai l'intention de l'oublier, soyez-en sûr. J'aurai dix-neuf ans dans six mois.

Il grimace. Claironner que je deviens adulte ne lui plaît pas tant que ça. Après la grimace, il essaie un sourire. Les lèvres découvrent ses dents de cheval plantées sur des mâchoires de boxeur, assez impressionnantes quand il malaxe du chewing-gum.

– Ouais... ouais, Roméo. Je connais ta musique par cœur. Tu t'engageras dans l'armée, tu te porteras volontaire pour des missions qui t'emporteront à l'autre bout du monde. Peu importe si on y risque sa peau, l'essentiel selon toi étant d'atterrir le plus loin possible de la France. Ouais... ouais...

– Ne racontez pas mon avenir de cette façon, monsieur le directeur. On dirait que je pars vivre sur une île déserte. À partir d'aujourd'hui, je suis heureux. Je suis libre et grâce à vous j'aurai un logement et un travail, en attendant...

– Qu'un salaud de sniper, quelque part, te... Je déteste penser à cet avenir que tu te choisis, mais puisque tu t'entêtes... Revenons au présent. D'accord, tu es libre, pourtant je te rappelle les conditions : à la moindre grosse connerie, tu replonges et cette fois, plus question de te retrouver dans un Centre éducatif fermé. C'est illico la prison pour des mois. Tu as eu beaucoup de chance d'atterrir chez nous. Tu n'avais pas encore tes dix-huit ans et en plus, tu as bénéficié d'une erreur d'aiguillage de ton dossier.

– Il n'y aura pas de grosses conneries, ni même de petites, monsieur le directeur. J'ai compris, j'ai eu ce que je méritais mais en franchissant la grille du centre, je laisserai tout ça derrière moi.

– Ouais... ouais... Je suis content de l'entendre, Roméo. Peut-être qu'en définitive on pourra se vanter d'avoir servi à quelque chose.

Je me lève avant que Poidirac ne s'éponge le coin des yeux. Il le fait toujours quand un de ses « pensionnaires » le quitte, pas seulement parce que la séparation l'attriste, mais parce qu'il redoute aussi une récidive. Je suis pressé d'être au-dehors, loin de la grille et des hauts murs qui ferment le parc. Je me vois déjà marcher sur la route, en direction de la gare, grimper dans mon train, ne plus penser qu'à l'avenir. Le commencement de ma vie.

Mon dossier d'engagement dans l'armée est complet depuis longtemps. Il sera accepté, m'a assuré le colonel Laferrière du centre de recrutement. J'intégrerai le 27e régiment d'infanterie basé à Marseille. La mer Méditerranée et, au-delà, l'Afrique, l'Orient… un monde ouvert. Dans quelques semaines, j'arracherai définitivement les pages qui racontent les dix-huit premières années de ma vie et je commencerai l'écriture d'un nouveau chapitre.

Le téléphone sonne dans le bureau du directeur. Cette sonnerie annonce la seconde bonne nouvelle. Pourtant, elle me ramène en arrière, là où je me suis juré de ne plus mettre les pieds. Poidirac dit « La barbe », puis décroche.

– Un appel pour toi, Roméo. Le docteur Costantini.

Il me tend le téléphone. Je ne veux pas le prendre. Le docteur Costantini s'occupe de mon père et, de temps en temps, il me donne des nouvelles que je ne réclame pas. Le téléphone reste suspendu si longtemps entre Poidirac et moi que le bras du dirlo tremble. J'espère qu'il le reposera sur son socle après avoir marmonné une excuse. Il ne le fait pas. Bien au contraire, il l'agite avec exaspération.

– Bon Dieu, Roméo, c'est ton père ! Et épargne-moi ton couplet habituel sur le mot « père », je ne suis pas d'humeur à l'entendre. Tu comptes étrenner ta liberté en te conduisant de cette façon ?

J'hésite encore durant deux ou trois secondes. Qu'est-ce que le dirlo sait de mon père ? Quelques feuillets dans un dossier : des rapports de flics, des témoignages d'anciens clients de l'épicerie ou d'habitants de Sponge. Il y a aussi ce que je raconte les jours où j'en ai tellement gros sur le cœur que j'ouvre les vannes de façon à tenir debout le temps de récupérer. Au total, Poidirac ne sait pas grand-chose. Pourtant, quand il me dit d'une voix de vaincu : « Bordel, Roméo, il est question de ton père et ça, tu ne peux pas le faire disparaître même si tu ne prends pas ce foutu téléphone », je saisis l'appareil.

Autant en finir.

Mon seul objectif doit être de franchir au plus vite la grille du centre. Pour ça, je dois quitter ce bureau en donnant l'impression que je redeviens le « bon fils » ou presque, et que je me soucie donc du sort de mon « père » comme si rien n'était arrivé.

– Ouais ?

Même moi j'ai honte de la grossièreté de ce « ouais », prononcé d'un ton qui annonce clairement « va te faire foutre ».

– Le docteur Costantini, fiston. Je suis content de te choper avant ton envol du centre, mais...

Costantini, que je n'ai jamais rencontré, s'applique à me tutoyer et à m'appeler fiston chaque fois qu'il téléphone au centre. Cette familiarité hypocrite me donne envie de rigoler. Ce type a dû lire pas mal de bouquins à l'eau de rose, ou alors la Bible, en tout cas des trucs prêchi-prêcha, genre nous sommes tous frères et aimons-nous les uns les autres. Il vit bouclé dans son espèce d'hôpital pour vieux et ne descend pas assez souvent dans la rue.

Un long silence suit le « mais » du toubib. Je me dis que Costantini a peut-être raccroché ou que son téléphone flanche. À tout hasard, je prononce un autre « ouais », plus civilisé que le précédent. Il suffit à remettre le médecin sur les rails.

– Je me doute, Roméo, que ce n'est pas le genre de nouvelle à annoncer le jour où tu redeviens libre. Je n'ai pas le choix. Fiston… heu… Roméo, ton père va mourir.

– J'en ai rien à foutre !

J'ai crié. Poidirac se laisse tomber au fond de son fauteuil de bureau. Ses joues palpitent d'une colère qu'il retient. Le haut-parleur a livré les propos de Costantini et le dirlo a donc compris à qui s'adresse mon cinglant mépris. Costantini fait comme s'il n'avait rien entendu.

– Sauf miracle, fiston, ton père ne tiendra pas plus de trois ou quatre jours. Je crains même de me montrer optimiste. Prépare-toi à la catastrophe, Roméo.

– La catastrophe ? Quelle catastrophe ? Pourquoi une bonne nouvelle se transformerait-elle en catastrophe ?

Luc Poidirac se masse le visage si fort que les joues remontent haut sous ses yeux et les ferment. On dirait qu'il cherche à repousser un cauchemar. Je me rends compte que j'en fais trop, que ma voix ne sonne pas très juste. Elle est aiguë, semblable à celle d'un gosse de dix ans qui veut faire le malin. Le docteur Costantini ne réagit pas davantage que la première fois. Il connaît son travail. Un bon médecin, à force d'en voir de toutes les couleurs, doit rester zen et attendre la fin de l'orage. Sa méthode fonctionne à merveille. Comme il semble capable de se taire jusqu'au lendemain matin, c'est moi qui relance la conversation.

– Vous espérez quoi ? Que j'aille à l'hôpital ? Pour quoi faire ? Ça changera quoi ?

– Roméo, tu la fermes un peu, s'il te plaît ? murmure le directeur du centre, en se frottant à nouveau le visage.

Je l'observe du coin de l'œil, tout en bombardant Costantini de mots confus. Poidirac étend le bras et coupe le haut-parleur qui restitue la conversation. Il se lève, alors que j'attends les réponses de Costantini, et se dirige vers la porte du bureau.

– Je sors, Roméo. Préviens-moi quand tu auras fini ton cirque.

Pour une fois, Costantini perd le match de celui qui demeurera le plus longtemps silencieux. Il s'exprime avant moi. Pendant qu'il parle, qu'il revient sur le passé, je me demande ce qu'il connaît de mon histoire, ce que Poidirac ou d'autres ont pu lui raconter.

– Ça changera quoi, fiston ? Sur le plan médical, rien, sans doute rien. Ton père est chez nous depuis plus de six mois et c'est la fin. Il arrive au terme de sa vie. Mon devoir…

Il y a un blanc dans la conversation. Le médecin paraît s'apercevoir que ses arguments ne mènent nulle part. Il se racle la gorge, à moins que ce ne soit le téléphone qui produise ces bruits. Il poursuit :

– Si tu viens auprès de ton père, fiston, ce que ça changera, tu le comprendras le jour où tu mourras à ton tour. Ou tu auras près de toi quelqu'un qui te tiendra la main, ou tu n'auras personne. Voilà.

Que répondre à ça ? Rien. Alors, je me tais, laissant planer l'impression que ces paroles ne me touchent pas. Costantini ne m'accorde pas le temps de souffler.

– Durant tous ces mois ici, ton père n'a pas prononcé le moindre mot, tu le sais. Je t'ai dit souvent qu'il n'en prononcerait plus un seul, jusqu'à son dernier souffle, puisque l'accident cérébral dont il a été victime a détruit une grande partie de son cerveau.

– Oui, je sais… je sais, vous me l'avez expliqué mille fois.

Je lui coupe la parole pour ne pas en entendre davantage. Le discours médical. Ce qui est arrivé ce jour-là me fait toujours peur.

– Je sais que tu sais, Roméo, mais…

Costantini se racle encore la gorge. Il répète « mais… mais… mais… », toussote, puis :

– Hier, ton père a eu un nouvel arrêt cardiaque. Une fois de plus, nous l'avons tiré de là… ou alors, il s'en est tiré tout seul, on ne sait pas trop dans son cas, si compliqué. Mais… mais ton père pleurait, oui, fiston, de vraies larmes, ce que nous pensions impossible et… et…

– Et ?

Ma voix est minuscule.

– Et ?

– Et ton père a murmuré deux mots, les deux premiers mots depuis six mois. Je sais que c'est impossible, médicalement impossible, médicalement inexplicable, pourtant j'étais près de lui et je les ai entendus.

– Quels mots ?

– Deux mots étranges, inattendus, qui, dans sa situation, sont dépourvus du moindre sens. Comprends-moi bien, fiston : je ne suis pas en train de te dire que la santé de ton père s'améliore. Le cœur lâche, c'est fini.

– Quels mots ?

J'aurais voulu faire le malin, jouer encore au gros dur qui se fout des leçons de morale, ricaner par exemple : « Il a réclamé une dernière cigarette ? » À la place, je dis : « Quels mots ? » La réponse de Costantini me fait lâcher le téléphone :

– Ton père pleurait et il a murmuré : « P'tit pédé. »

RETOUR À LA MAISON

Le taxi roule tout doucement. J'observe avec avidité un paysage que je connais pourtant par cœur, ce qui m'empêche de remarquer tout de suite que le chauffeur de taxi me dévisage dans son rétroviseur. Sponge, la ville de mon enfance, la ville où j'ai juré de ne jamais remettre les pieds, quoi qu'il arrive.

Oui, mais l'appel du toubib m'a cueilli quelques minutes trop tôt. Il a déversé sur ma résolution les larmes de mon père et « p'tit pédé ». Costantini m'a eu. Il ne connaîtra jamais les causes de mon changement d'avis. Poidirac m'a dit au revoir en conservant longtemps ma main dans la sienne, comme s'il songeait à me reboucler dans une de ses piaules. Ses yeux larmoyaient.

– C'est bien, Roméo, oui c'est super bien de savoir pardonner, d'accepter de tourner les pages de la rancœur. Je t'offre le taxi. Je me suis renseigné : la maison-hôpital qui accueille ton père se trouve à perpète de la gare.

J'ai pris l'argent sans hésiter, me retenant de lui dire que je ne pardonne rien du tout et que je ne pardonnerai jamais ces dix-huit années perdues. Mais Poidirac est un dirlo formidable et je n'ai pas envie de lui gâcher ses illusions.

Le taxi commandé m'attend sur le parvis de la gare. Une place de goudron noir, quasi déserte. La bagnole est une vieille Mercedes qui a connu des jours meilleurs, mais c'est aussi le cas du chauffeur, un type très grand, au dos voûté. Des cernes violacés se répandent sous ses yeux et lui mangent une partie des joues.

– Avant de me conduire à la Maison des Ursulines, faites un détour par le Petit Clocher. Je vous dirai où vous arrêter. Ça ne durera que deux ou trois minutes.

Le chauffeur me tend la main.

– Philippe Poissard.

Un court rire, semblable à un hennissement de cheval.

– Poissard, je ne l'ai pas volé, vu que la poisse j'en traîne des wagons depuis ma naissance. Heu... les Ursulines, nous à Sponge on dit l'hôpital. Pas de souci de ce côté-là, mais heu... le Petit Clocher, c'est bien un endroit à la sortie de la ville ?

Exact. J'ai habité à la sortie de la ville jusqu'à presque dix-huit ans. Une chapelle existait là autrefois, d'où le nom. Moi, je n'ai connu que la présence de deux maisons, face à face, de chaque côté de la route départementale.

Le taxi sort de Sponge et roule entre des prés peuplés de vaches blanches qui s'ennuient. Je les observe comme si je n'avais jamais vu de vaches brouter et chier. Le lieudit le Petit Clocher se situe à environ quatre kilomètres de la ville. Quatre bornes que j'ai parcourues des centaines de fois à pied, à vélo, mais surtout en scooter.

– Vous ne seriez pas par hasard le fils de Serge Lopez ? Je me demande si je ne vous aurais pas vu au café L'Escale...

Les paroles du chauffeur de taxi me parviennent étouffées, comme s'il s'exprimait en tenant sa main devant sa bouche. Il me faut plusieurs secondes pour que je réalise que Poissard s'adresse à moi, parle de moi et qu'il a raison : être dans son taxi porte la poisse.

– Non... non...

Le taxi ralentit encore. Si je persiste à nier, le chauffeur est capable de s'arrêter au bord de la route pour m'interroger tranquillement.

– Oui, je suis le fils Lopez. J'ai travaillé comme barman à L'Escale.

– Putain, j'en étais sûr ! clame Poissard en martelant son volant de coups de poing.

Le souci est que son autre main bricole le rétroviseur de façon à ce que ses yeux puissent opérer un zoom sur moi. L'accident est inévitable.

– Hé, tenez le volant !

– OK, pas de panique. Je comprends mieux pourquoi vous souhaitez vous rendre au Petit Clocher. Cette destination me turlupinait, vu qu'il n'y pas un chat dans ce coin-là et c'est ce qui m'a mis la puce à l'oreille.

Silence de ma part. De la sienne aussi. Les yeux de Poissard ne sont plus dans le rétroviseur. C'est comme si j'entendais les mécanismes de son cerveau se mettre en branle, afin de remonter le temps et de me délivrer ce qu'ils savent de Serge Lopez et de son fils Roméo. Bingo en moins de trente secondes.

– Ce qui est arrivé à votre père est vraiment moche. Il était apprécié à Sponge, c'est ce que les clients disaient dans mon taxi. On aimait ses idées, sa façon de les afficher franchement… En tout cas, moi je les aimais bien. Ce qu'il défendait, l'éducation qu'il vous a donnée… il y a plein de gens à qui ça ne plaît pas ces idées-là, pourtant il faudrait des armées de Lopez pour empêcher le pays d'aller là où on va. Même à Sponge, même dans la cambrousse on est emmerdés du matin au soir…

Il parle, il parle, me sachant piégé à l'intérieur de sa bagnole, obligé d'écouter son torrent. Je n'ai pas d'autre solution ou alors je crie « Fermez-la » et je descends du taxi. Et après, je m'envoie un paquet de bornes à pied, jusqu'aux Ursulines ? Heureusement, il se met à sonder sa mémoire, marmonne :

– J'ai oublié votre petit nom… il commence par Ro, Ro quelque chose, Roland, non un truc plus original, Romain plutôt, non ?

J'aperçois enfin, au-delà du dernier virage de la départementale, le toit de la maison qui faisait face à la nôtre.

– Arrêtez-vous là, je continuerai à pied. Attendez-moi.

– Je comprends, dit le chauffeur, des fois on a besoin de solitude pour certaines choses.

Il gare la Mercedes près du fossé qui borde la route, coupe le moteur.

– Alors, c'est Romain, hein ? J'ai tiré encore le bon numéro, même si je m'appelle Poissard ?

– Oui, Romain, c'est ça.

J'ouvre la portière qui couine. Quand je sors du taxi, le chauffeur cogne à nouveau son volant et braille :

– Putain, le Poissard il est bon quand il veut !

Je sais qu'il ne reste rien de la maison de mon enfance, pourtant la nudité du terrain me cause un choc. Le notaire m'avait averti :

– Tout est calciné. Ce qui reste des murs prêts à s'effondrer représente un danger et il faudra raser l'ensemble. La responsabilité de votre père est engagée.

Il avait toussoté. Même au téléphone sa compassion sonnait faux.

– Votre père décédera prochainement, une perspective désolante, mais…

Encore une toux afin de placer correctement la voix :

– Mais lorsque ce malheur se produira, vous hériterez d'un terrain d'une grande valeur compte tenu de la proximité de Dijon.

Je l'avais interrompu :

– Parfait ! Que pas une pierre ne reste de la Petite France est ce qui peut arriver de mieux !

La Petite France. Le nom que mon père donnait à la propriété. Un panneau de bois, aussi grand qu'un emplacement publicitaire, jetait le nom sous les yeux des personnes qui passaient sur la route. Un drapeau bleu blanc rouge était peint maladroitement sous l'inscription.

Un autre panneau remplace celui de la Petite France. Il est en bordure de route. Ils n'ont pas perdu de temps. Même pas attendu le décès. Des croque-morts affamés. Je lis :

Société Soleil d'Or. Prochainement ici, construction de la résidence Magnolia : appartements pour une retraite heureuse. Investissez votre argent dans un projet d'avenir.

L'annonce fait d'un coup sombrer ce qui reste de mon enfance. Je souhaite ce naufrage depuis des mois, que mon passé coule au fond de la mer d'un définitif oubli… et pourtant, je demeure comme assommé au pied de cette pancarte ridicule. Je regarde les chardons qui prolifèrent, les rares coquelicots, les ronces, les tas de gravats. L'envie me prend de pénétrer sur le terrain, de toucher le sol, les quelques pierres oubliées. Peut-être que je trouverai un objet m'ayant accompagné durant ces dix-huit années ?

Rien.

Pas même un arbre. J'en perds le sens de l'orientation. Ma chambre donnait de quel côté ? Où était le jardin ? Et le mât en haut duquel flottait un drapeau ? Là, sur la droite… non, plutôt à gauche, près du tas de déblais ? Je m'entends dire, d'une voix qui vacille un peu :

– J'habitais là.

Mon bras droit se tend.

– Là-bas, c'était la remise aux outils où je me planquais quand j'étais furax.

Je donne l'impression de parler à quelqu'un d'invisible qui visiterait la propriété. Heureusement que personne ne passe sur la route.

Soudain, je comprends que tout a été vendu afin de payer le séjour de mon père aux Ursulines. Le terrain, les rares objets sauvés de l'incendie, le 4x4. Ça me convient. Faire table rase. Pourtant, alors que je traverse une nouvelle fois ce qui était la Petite France, un début de colère monte en moi. Table rase a consisté aussi à effacer mon enfance, sans m'en demander l'autorisation.

– Tu deviens con, là. Bouge-toi.

Me bouger. Rompre cet apitoiement sur moi-même. En finir une fois pour toutes, en employant la brutalité s'il le faut. Aller aux Ursulines, rencontrer Costantini, lui annoncer, en le fixant droit dans les yeux, qu'il sera inutile de me prévenir du décès de Serge Lopez, puis m'en aller dès que les questions administratives seront réglées. Ne plus penser qu'au futur soldat Roméo Lopez crapahutant dans un pays africain quelconque. Le colonel Laferrière a déclaré :

– La France est partout en Afrique et notre armée y défend nos intérêts. Vous n'aurez que l'embarras du choix des missions. Certaines d'entre elles sont très dangereuses, ce qui semble vous convenir, si je comprends bien vos motivations.

Je fais quelques pas sur la route, en direction du taxi. Poissard fume une cigarette, le dos appuyé à la Mercedes. De la musique s'échappe de la voiture. Poissard. Le nom me fait ricaner et me donne une idée, le genre d'idée idiote que peut avoir quelqu'un qui s'enfonce et trouve comment couler tout au fond. La maison d'en face. Celle que je découvrais chaque matin, en sortant de chez moi. Mon premier regard se portait sur la fenêtre de la chambre de Juliette, au premier étage. Souvent, en été, quand j'étais petit, je traversais la route, poussais le portail de la maison jaune, grimpais l'escalier et sonnais.

– Bonjour madame Lescuyer. Juliette est là ?

La mère riait. Disait :

– Comme si tu ne le savais pas, petit galopin. Vous faites une belle paire, tous les deux. Parfois, elle ajoutait : Juliette et Roméo ! Un joli clin d'œil de ta mère.

Elle constatait le rapprochement amusant de nos deux prénoms en fronçant les sourcils, comme si elle n'en revenait pas.

Je ne suis pas très loin du taxi quand je fais demi-tour. Mon regard se pose sur la maison jaune, se colle au premier étage. Des rideaux fermés derrière chaque fenêtre. Un silence épais surgit de la maison alors que je monte les trois marches menant au perron. Je ne devrais pas sonner, mais je suis le type qui s'enfonce, qui oublie qu'il n'a plus dix ans et qui espère qu'une baguette magique effacera tout.

Brigitte Lescuyer ouvre la porte. Elle a conservé son port de tête hautain. Sa taille est impressionnante. Le seul changement visible vient des cheveux : les longues mèches rousses qui atteignaient les épaules ont disparu. Des cheveux courts. Une coupe très masculine. Je découvre vite un autre changement, moins perceptible. Le regard n'est plus celui que je connais. Le vert presque flamboyant des yeux a laissé la place à une pellicule trouble, semblable à celle d'une personne atteinte de la cataracte. Elle ne m'accorde pas le temps d'un salut. Une voix râpeuse.

– Qu'est-ce que tu veux, Roméo ? Je commençais à t'oublier et c'était un des bonheurs de ma vie.

Je ne trouve rien à dire. Elle soupire si fort que ses seins tendent le corsage.

– J'étais contente qu'il rase ta maison. Le matin, j'ouvre mes volets avec plus de tranquillité. Le vide est plus agréable que les fantômes. Tu devrais t'en aller, maintenant que tu as constaté que nous habitons toujours le Petit Clocher.

Elle commence à repousser la porte. Je ne lui en veux pas. Elle a ses raisons et ce sont de bonnes raisons. Pourtant, je glisse mon pied dans l'espace encore ouvert, empêchant la fermeture totale de la porte.

– Je viens voir mon père.

Elle soupire à nouveau, avec lassitude.

– Ah bon.

Puis :

– Donc, tu repars ce soir. Tu ne t'installes pas à Sponge et c'est une bonne nouvelle. Plus tu seras loin d'ici, mieux ce sera.

La moutarde commence à me monter au nez. Qu'elle me déteste se comprend, mais elle exagère. Elle croise les bras sur sa poitrine et me dévisage d'un regard de plus en plus hostile, traversé d'éclats de haine, ce qui me donne le courage d'annoncer le motif de ma visite.

– Juliette est ici ? J'aimerais... j'aimerais...

J'aimerais quoi ? Être sur ce perron est stupide.

– Non, elle n'est pas là. Et même si elle était là...

Elle ne termine pas sa phrase, mais son attitude est une réponse. Ses lèvres sont comme deux lames de couteaux posées l'une sur l'autre, qui retiennent : « Sale voyou, laisse ma fille tranquille. »

– Elle est à Dijon ? À la fac ?

– Oui, c'est ça, elle est à la fac.

Un mensonge jeté trop vite. L'université ne fonctionne pas un samedi après-midi, surtout à la fin de décembre, en période de vacances de Noël.

Brigitte Lescuyer repousse sans ménagement mon pied du bout du sien, un peu comme si elle shootait dans ma jambe.

– Va-t'en Roméo. J'ai du travail.

Inutile d'insister. Elle a raison : je n'ai rien à faire chez elle. J'ai déjà ouvert le portail quand je l'entends dire :

– Je te donne des nouvelles de Léopold puisque tu n'en demandes pas. Il se porte aussi bien que l'on peut se porter quand on n'a plus qu'une jambe.

La porte claque.

Le sang se retire de mon visage. Léopold, le frère de Juliette. Lui aussi, j'aurais voulu l'oublier. Comme le reste.

Un soleil et une chaleur incroyables pour un mois de décembre, comme si l'univers perdait la boule. Pourtant, j'ai froid. Je m'avance jusqu'à la Mercedes en frissonnant. D'une pichenette, le chauffeur de taxi envoie valdinguer sa cigarette par-dessus le toit de la voiture.

– Ça fout les boules, hein, de se trouver devant sa maison et de constater qu'il n'y a plus rien. Je vous ai vu frapper chez les voisins. Ce sont les mêmes qu'avant ?

Je me retiens de lui dire de la boucler. J'ouvre la porte du taxi.

– Conduisez-moi à la Maison des Ursulines.

– L'hosto, quoi. On n'en aura pas pour longtemps. Vous comptez vous installer à Sponge ? Vous aurez du mal, il n'y a pas beaucoup de boulot dans le coin, pour ne pas dire pas du tout. En plus, quand un job apparaît, on le refile à un immigré, ceux-là ils passent toujours en premier. Vous savez ça aussi bien que moi et votre père ne se gênait pas pour le dire quand il tenait son épicerie.

Il me parle, assis dans son taxi, en se tournant vers moi. Un large sourire ponctue chaque fin de phrase, comme si Poissard approuvait ses réflexions. La radio diffuse de la musique. J'écoute vaguement l'un et l'autre. Je pense à Juliette, à Léopold, à tout ce gâchis. Mon père, Serge Lopez, élevant seul un garçon et en face, Brigitte Lescuyer élevant seule une fille du même âge. Pourquoi tout était-il parti en vrille, sans que personne n'ait pu l'empêcher ?

– Si on roulait ? Je suis pressé. Je compte reprendre un train dans la nuit.

– Je comprends, oui, je comprends, opine Poissard.

Il pose enfin les mains sur le volant et dit :

– Je ne rencontre dans mon bahut que des gens pressés et je me demande pourquoi, vu qu'au final, hein… ?

Il m'exaspère.

– Vous vous décidez ou je descends ? Ce qui serait formidable aussi, ce serait de vous taire jusqu'à la Maison des Ursulines.

Je me suis penché vers l'avant, si vivement que deux boutons de ma chemise se défont. Le bâillement du tissu découvre le haut de ma poitrine et le chauffeur de taxi voit la tête de l'aigle tatoué. D'habitude, je porte des T-shirts ou des pulls à col rond, mais il m'a semblé, en dépit de la chaleur, que mettre une chemise et un blouson de toile serait préférable pour une visite au docteur Costantini. Non seulement Poissard voit l'aigle, mais il voit aussi mon visage fermé et sans doute se rend-il compte alors que je mesure un bon mètre quatre-vingts. En tout cas, il tourne la clé de contact et marmonne :

– Bon, bon, comme vous voudrez.

Le taxi roule plus vite qu'à l'aller. Les rues de Sponge ne m'intéressent pas. Je les connais par cœur. Je n'ai pas envie que quelqu'un m'aperçoive. On m'a probablement oublié, mais on ne sait jamais. La musique que diffuse la radio me sort peu à peu de mon état d'hibernation. Je l'entends d'abord sans vraiment réagir, me concentrant sur les paroles. J'entends aussi la réflexion de Poissard :

– Stromae a beau être un métèque, je reconnais qu'il chante bien cet enfoiré.

J'ai l'impression que les paroles me sont destinées, un peu comme si le chanteur me connaissait et s'adressait à moi. Peu à peu, les mots se transforment en épine.

– Plus fort, mettez la radio plus fort.

– Bon, bon, OK, pas de lézard, le client est roi chez Poissard.

« Où t'es papa où t'es
Où t'es papa où t'es
Un jour ou l'autre on sera tous papa
Serons-nous détestables ?
Serons-nous admirables ?
Des géniteurs ou des génies
Dites-nous qui donne naissance aux irresponsables
Hein ? Dites-nous qui, tiens

Tout le monde sait comment on fait des bébés
Mais personne sait comment on fait des papas. »

J'éclate de rire.

– Vous n'aimez pas Stromae ? demande le chauffeur de taxi.

Le docteur Costantini ressemble à un chardon monté en graine. Son corps est la tige, si longue et mince qu'on se demande comment elle soutient la tête posée dessus. Au sommet de la tête, aussi ovale qu'un beau pruneau, les tifs en broussaille partent dans toutes les directions. Les yeux châtaigne brillent avec intensité. Ils me scrutent de haut en bas, sans aucune gêne, alors que les miens se défilent en inspectant le bureau du toubib. Une pièce ordinaire, meublée à l'économie : deux chaises, une table de bois brun qui supporte l'ordinateur et le téléphone, et une armoire métallique. Costantini se tient assis derrière le bureau. Ses paupières clignotent à toute allure, comme si les yeux avaient du mal à faire le point.

– Je me demande si t'appeler « fiston » au téléphone était une bonne idée, constate le médecin. Tu m'as l'air bien vieux et surtout bien trop costaud pour ça. Tu permets que je continue le tutoiement ?

Il n'attend même pas que je réponde « bien sûr » et poursuit, tout en triturant ses lunettes posées près de l'ordinateur.

– Je m'attendais à un gringalet. Franchement, des fois j'ai des idées bizarres.

Il sourit, hésite, puis :

– Peut-être pas si bizarres… Je m'attendais à ce que tu ressembles à ton père, alors que là, on est loin du compte.

Ses sourcils se haussent, marquant une admiration ironique. Je me dis qu'il est temps que je sorte du silence.

– À douze ans, on m'en donnait quinze.

Costantini change illico de sujet, soulignant ainsi le peu d'intérêt de ma remarque.

– Bien. Nous ne sommes pas ici pour bavarder, d'autant que je suis de service toute la nuit. Nous devons parler de ton père… Serge Lopez… oui, oui, Serge Lopez.

Il répète le nom en regardant un dossier, comme s'il doutait de l'identité de son patient.

– J'aimerais le voir rapidement, régler rapidement aussi ce qui doit l'être… euh… je compte reprendre un train cette nuit.

Les paupières de Costantini s'immobilisent. Il lève la tête. Tout son visage semble soudain coulé dans la cire. Il me fixe pendant plusieurs secondes. Une éternité. Je ne sais plus où me mettre ni comment réagir. Le toubib attend quoi, de moi ? Que je pleure ? Il reprend enfin la parole. Une voix neutre :

– J'ai longuement parlé avec Luc Poidirac, le directeur du Centre éducatif fermé qui t'a suivi durant tant de mois. Pendant cette période, il a beaucoup appris sur toi, y compris probablement des choses que tu ignores. Je connais donc en gros ton opinion sur ton père et la hargne avec laquelle tu la montres.

Seules les lèvres bougent. Le reste du visage demeure sans vie.

– Mon opinion sur mon père ne vous regarde pas. Je suis aux Ursulines parce que vous m'avez annoncé une mort très proche. Je me fous de mon père. De sa mort aussi.

Costantini hoche lentement plusieurs fois la tête. Il semble soupeser chacun de mes mots. Son visage reprend vie. Il chausse ses lunettes puis se lève et appuie ses deux poings sur la table. Ses bras sont comme des câbles soutenant son corps trop long. Ce qu'il dit me stupéfie à tel point que je ne remarque pas que le « vous » remplace le « tu ».

– J'en ai marre de vous, Roméo Lopez ! Marre de votre conduite de gosse buté, marre des individus qui érigent leur bêtise en digue contre des dangers qu'ils s'inventent ! Si pour une fois vous vous montriez adulte ?

Derrière ses carreaux de myope, les yeux brûlent comme des feux de forêt.

– Hé, vous n'avez pas le droit de me parler ainsi.

– Exact, mais je le prends ! rétorque Costantini. Je vous ai supporté dix fois au téléphone, vous me supporterez bien une fois de plus en face à face. Vous allez m'écouter durant quelques minutes et après vous prendrez une décision.

– Je veux voir mon... mon père, c'est tout.

« Mon père » passe toujours aussi mal.

– Vous le verrez d'ici dix minutes. Rien ne presse. Il y a déjà quelqu'un auprès de lui, une personne qui vient régulièrement.

– Ma grand-mère Costancia ?

– Non. Vous avez attendu plus de six mois avant de venir aux Ursulines, dix minutes supplémentaires ne seront qu'une goutte d'eau tombant dans l'océan de... de votre...

Il ne termine pas sa phrase, décroche ses mains du bureau puis croise les bras.

– Au téléphone, je vous ai dit que si monsieur Lopez est victime d'une nouvelle alerte cardiaque, cette fois nous ne pourrons plus rien. Mais mon appel au Centre éducatif avait aussi une autre raison.

Costantini se gratte le crâne à travers le fouillis de ses cheveux. Je me contente de l'imiter : je croise les bras. J'attends qu'il vide son sac de toubib exécutant le travail pour lequel on le paie. Après, je m'enfermerai quelques minutes dans une chambre de malade et quand je la quitterai, j'entamerai ma première heure de vraie liberté.

– Serge Lopez a eu une réaction inattendue et médicalement inexplicable : pleurer et prononcer deux mots. À la suite de l'accident vasculaire cérébral qu'il a subi, aggravé par l'inhalation des fumées lors de l'incendie de sa maison, son cerveau a été détruit. Médicalement, il ne pouvait pas réagir ainsi.

Je suis plus attentif. Cette information médicale conduit où ? À « p'tit pédé » ? Mon père a dit « p'tit pédé », mais si Costantini espère que je lui explique l'origine de ces deux mots, il peut toujours courir. Une fois de plus, je fais le malin.

– On est en présence d'un miracle ? Dieu est intervenu ?

Mon cynisme pesant ne provoque pas la réaction prévue. Au contraire. Le toubib étire ses lèvres jusqu'aux oreilles. On dirait le sourire du type qui renverse à chaque fois toutes les quilles au bowling.

– On peut dire ça. En tant que médecin, ce miracle m'intrigue et m'intéresse. Si vous m'aidez, vous contribuerez peut-être à faire progresser la médecine, mais on verra ça tout à l'heure.

Il décroise les bras et contourne son bureau.

– Venez. Allons dans la chambre de Serge Lopez. Les couloirs sont longs, il y a deux étages que nous monterons à pied, ce qui m'accordera le temps de vous expliquer où je veux en venir.

Je me lève avec la rapidité d'un enfant qui échappe à une punition et s'éclipse avant que le prof ne change d'avis. En franchissant la porte du bureau, je me rends compte que Costantini remplace « votre père » par « Serge Lopez ». Ça me convient.

Les couloirs n'en finissent pas. Ils empestent le médicament et l'urine. Costantini remarque le plissement de mes lèvres et prend les devants avant que je ne fasse une remarque désobligeante.

– Ce que vous sentez est l'odeur du désespoir, pas autre chose.

Je m'aperçois que je traîne les pieds et avance le plus lentement possible. J'ai peur d'entrer dans la chambre d'un mourant ? De mon père ?

– Je vais vous demander votre aide, Roméo, et j'espère que vous me l'accorderez. Vous l'accorderez aussi à Serge Lopez…

Il hésite, bute sur la suite, cherchant comment s'expliquer. Il parle en fixant le sol composé de plaques de plastique gris. Le silence qui emplit les couloirs est aussi embarrassant que l'odeur.

– La réaction de monsieur Lopez…

Costantini cesse de marcher durant deux ou trois secondes. Il hausse les épaules, marmonne « Oh, puis merde », puis il reprend sa marche en poursuivant ses explications.

– La réaction de ton père, ces larmes et ces mots, est tout simplement stupéfiante. Voici en quoi consiste ma demande. Je voudrais que tu lui parles, presque sans t'arrêter, pendant plusieurs heures de suite. Au moins deux ou trois heures.

– J'ai un train…

Il poursuit, sans tenir compte de mon interruption :

– Ce récit que tu ferais ne conduira probablement nulle part. Pourtant, je suis confronté à ce miracle médical des larmes et des mots. Si pendant que tu parles, il se reproduisait…

Costantini salue une infirmière, sans s'arrêter, puis :

– Je ne parviens pas à m'ôter de l'esprit cet espoir que ce… ce miracle se reproduise. Si cela arrivait, ce serait une information médicale de première importance pour traiter des malades comme ton père : un cerveau détruit pourrait donc réagir dans certaines conditions ? Disons, Roméo, que je te demande un service ou plutôt, que la médecine te demande un service.

Je fais une concession. Je dis « Ouais », puis ajoute « Pourquoi pas ». Je regrette aussitôt ma promesse et exprime mes doutes.

– Qu'est-ce que vous voulez que je raconte pendant des heures à une personne dans le coma ?

– Pas « une personne », Roméo. Tu parleras à ton père. Et, puisque nous sommes dans le miraculeux, pourquoi ne pas imaginer qu'en entendant ta voix après tous ces mois de silence, ton père ouvre les yeux, par exemple, ou manifeste quelque chose ? Tu aiderais non seulement la médecine, Roméo, tu aiderais aussi ton père à mourir.

– Mais…

Il pose une main sur mon épaule et serre à me faire mal.

– Ne me dis pas, Roméo, que tu ne veux pas aider ton père. Tu le regretterais jusqu'à la fin de tes jours. Ne pas tenir la main d'un mourant, quand on en a la possibilité, est un des pires châtiments qu'un être humain peut s'infliger.

– Mais parler pendant des heures est impossible.

– Tu raconteras la vie de Roméo Lopez, depuis tes premiers souvenirs jusqu'au jour de l'accident… de l'incendie de la maison de ton père. Dix-huit ans de vie suffiront à remplir le temps que tu passeras auprès de lui. Essaie de raconter comme si tu lisais un roman, une histoire écrite par quelqu'un d'autre.

Costantini soupire.

– Après, tu pourras prendre ton train. Des trains, il y en a tous les jours, alors celui-ci ou un autre, quelle importance ? Si tu fais ce que je te propose, tu verras à quel point tu te sentiras soulagé.

Soudain, il m'énerve. Il me demande ce que le psychologue du Centre éducatif me demandait sans arrêt. Vider ma mémoire. Ni plus ni moins qu'une confession.

Je ricane et dis :

– Comme si j'étais chez un psychiatre ?

Costantini s'arrête. Il me retient par le bras.

– Si on veut.

Son regard se pose sur une porte blanche. Le numéro 112.

– C'est là.

Sa main exerce une pression insistante sur mon bras, m'obligeant ainsi à me tourner vers lui. Il me fixe.

– Il y a quelqu'un que tu connais dans la chambre. Cette jeune fille vient voir ton père depuis longtemps. Elle a accepté ma proposition, la même que je t'ai faite. Elle commencera son récit quand tu seras près d'elle. Tu te doutes qu'il s'agit de ton ancienne voisine du Petit Clocher. Maintenant, fiston, à toi de décider.

PREMIER RÉCIT DE ROMÉO

J'habitais depuis un mois chez ma grand-mère Costancia quand elle m'apprit la nouvelle. J'avais huit ans. Je ne me doutais pas que tant de choses changeraient à partir de ce mois de juillet. J'étais censé être en vacances à Dijon, chez mamie.

– C'est bien que tu sois ici, près de moi, déclara Costancia, le premier jour. En ce moment, ton papa a de gros soucis. Il préfère les régler seul, à sa façon.

Elle ne me dit pas de quels soucis il s'agissait. Je n'étais pas inquiet. Mamie ne semblait pas préoccupée. Elle grimaçait, haussait les épaules, ce qui faisait trembler son chignon peuplé de cheveux blancs. Cette espèce de pièce montée, qui dansait sur sa tête, me faisait rire. Parfois, mamie marmonnait une phrase bizarre.

– Ton père a toujours fait un peu de cinéma.

Ce jour de la fin juillet, elle n'évoqua plus les soucis de mon père en me prenant par l'épaule, alors que je m'apprêtais à filer dans son minuscule jardin. Elle m'annonça brutalement une catastrophe, sans prendre la moindre précaution, si bien que je ne compris d'abord pas la gravité de la nouvelle.

– Roméo, ta mère est morte.

J'ouvris la bouche, cherchant un sens à ces mots terrifiants. Elle précisa :

– Éléonore est morte, mon grand. Tu vas rentrer chez ton père. Une voisine, madame Lescuyer, viendra te récupérer à Dijon cet après-midi.

Nous n'avions pas trente-six voisines. Brigitte Lescuyer, la mère de Juliette. Mamie Costancia ne manifestait aucun chagrin. C'était si surprenant que je me mis à douter.

– Mamie, tu veux dire morte comme quand on est mort ?

Costancia entoura mon épaule de son bras dodu. Elle était si petite qu'à huit ans j'atteignais presque la hauteur de son menton. Elle disait, sans sourire : « C'est toi qui es grand, mon grand. »

– Mon Dieu, pourquoi est-ce moi qui dois régler ce genre de situation ?

Elle me regardait comme si elle attendait une réponse de ma part, puis elle m'embrassa sur chaque joue. Elle soupira.

– Allons à la cuisine, mon grand. J'essaierai de t'expliquer certaines choses, mais avec ton père… On mangera des Carambar.

Je connaissais à peu près la signification du mot « mort », parce que j'en voyais beaucoup à la télévision.

Mais à la télévision, les personnes qui étaient près des morts avaient des larmes dans les yeux ou dans leur voix. Pas mamie. Du coup, je ne pleurais pas non plus, pourtant mamie m'encourageait à le faire. Elle répétait sans arrêt « Pleure pas, mon p'tiot » ou « Il ne faut pas pleurer, mon Roméo chéri, ça ne sert à rien ».

– On a mis ma maman dans un cercueil ?

– Oui… non… répondit mamie, tout en dépiautant une quantité astronomique de Carambar. Elle les poussa vers moi, à travers la table de la cuisine. Il y en avait tellement que ça ne me disait plus rien.

– Ton papa t'expliquera tout à la maison, assura Costancia, du moins je veux le croire parce que avec mon fils…

Elle s'interrompit, le temps d'enlever d'un ongle le morceau de caramel collé à son dentier.

– Éléonore… Mon Dieu, je le pressentais mais je ne croyais pas que ça arriverait si vite.

Éléonore.

J'avais l'impression que mamie parlait d'une inconnue qui portait le même prénom que ma mère. Je reposai la question qui m'angoissait :

– La dame… Éléonore… ma maman… on l'a enfermée dans un cercueil ?

Costancia eut une curieuse réaction. Elle tourna la tête vers le crucifix accroché au-dessus du frigidaire. Mamie avait mis un crucifix dans chaque pièce. Elle se signa, marmonna : « Mon Dieu, pardonne-moi mais je ne peux pas faire autrement. » Son regard revint vers moi. Costancia grimaça et c'est seulement alors que je me souvins à quel point elle détestait ma mère. Parfois, elle l'appelait « l'aventurière ». Ce souvenir me permit de mieux comprendre son attitude.

– Elle était malade, très malade depuis un mois et c'est pour cette raison que tu étais en vacances chez moi. Heu... oui, mon grand, on l'a mise dans un cercueil et on l'a enterrée il y a quelques jours.

Enterrée ?

Mort n'avait pas une signification précise, mais « enterrée », si. Des images effrayantes se précipitaient dans ma tête. Les squelettes des chats enterrés chez nous, autour de notre maison. Je les déterrais dès que mes parents ne pensaient plus à eux. Papa les tuait avec son fusil de chasse. « J'en ai marre des chats errants qui pissent dans notre sous-sol ! »

J'éclatai en larmes. De grosses larmes qu'alimentaient d'énormes sanglots. Mamie pleurait aussi.

Le trajet de retour ne dura pas plus d'une demi-heure. Brigitte Lescuyer conduisait souvent sa voiture seulement de la main gauche. L'autre m'attirait contre elle, contre ses hanches voluptueuses et chaudes. De temps en temps, elle disait : « Pauvre petit... ne pleure pas, ça ne la fera pas revenir. » Elle me donnait le même conseil que mamie Costancia, mais je ne pleurais plus. Toute l'eau que contenait mon corps avait coulé chez ma grand-mère.

J'étais bien, blotti contre cette grande femme dont j'adorais la chevelure rousse qui dégoulinait sur ses épaules. Elle sentait bon. J'enviais ses cheveux roux. Je les trouvais fascinants. Quelques jours avant ces « vacances » chez ma grand-mère, j'avais dit à Juliette :

– Pourquoi les garçons on n'a jamais des cheveux roux ? Quand je serai grand, je teindrai les miens en roux, comme ça je ne ressemblerai pas aux autres. J'avais vite ajouté : Je le ferai des fois, pour de rire, mais pas toujours.

Parce que Juliette avait planté un doigt dans sa tempe en disant :

– T'es con, Roméo.

En arrivant à Sponge, je ne pensais presque plus à ma mère. Le parfum de Brigitte Lescuyer et le contact de son corps doux me faisaient oublier la menace qui me semblait la plus forte, celle que mamie Costancia avait évoquée plusieurs fois.

– Vous serez deux hommes à la maison, en attendant que ton père trouve chaussure… heu… Entre le travail à l'épicerie, l'entretien de la maison, les repas à préparer, le ménage… Oui, oui, ça ne sera pas simple et j'espère que ton éducation n'en souffrira pas.

Une annonce effrayante. Papa ne faisait jamais rien d'autre à la maison que tondre l'herbe quand elle devenait jungle et mettre la table à l'heure des repas si maman ne s'y décidait pas.

Costancia avait froncé les sourcils et ajouté :

– J'espère que Serge reprendra vite le dessus. Ses réactions sont souvent bizarres et incompréhensibles. Il devra se dominer.

Brigitte Lescuyer stoppa la Peugeot devant le portail ouvert de ma maison. Papa était seul, debout sur le seuil. Je n'éprouvais rien de particulier à ne pas voir ma mère près de lui. Il adressa un signe de la main à notre voisine, descendit l'escalier, dit :

– Merci, Brigitte. Ton aide est précieuse.

J'ouvris la portière arrière, récupérai mon sac à dos. J'aperçus Juliette qui sautait à la corde dans la cour, devant chez elle.

Elle cria :

– Tu viens, Roméo ?

– Pas aujourd'hui, répliqua papa. On a des choses à se dire tous les deux.

Il s'empara de mon sac rempli de vêtements et ordonna, sans me regarder :

– Viens, fils.

Je le suivis en songeant qu'il ne m'avait pas embrassé alors que j'avais quitté la maison depuis un mois.

J'étais assis au fond d'un fauteuil, dans le petit salon bleu. L'absence de ma mère ne me paraissait pas bizarre. Éléonore était peu à la maison, même les samedis et dimanches. Son travail de commerciale l'emportait dans toutes les régions de France et parfois aussi à l'étranger. Pourtant, comme un réflexe, mes questions fusaient. Elles ressemblaient à des accusations.

– Où elle est, maman ? C'est vrai qu'elle est morte ?

Notre maison était plongée dans l'obscurité. Les volets étaient fermés, alors qu'un magnifique soleil brillait encore, malgré l'heure tardive. La seule lumière provenait du poste de télévision. Étrange. D'habitude, papa ne regardait que les informations de vingt heures. Il passait son temps à rouspéter, à commenter les images de formules toujours à peu près les mêmes « Ha, les cons ! » ou : « Putain, pas étonnant qu'on soit dans la merde avec des cons pareils. » Il aimait bien aussi : « Tous des pourris, ces connards. » Il n'expliquait jamais qui étaient « les cons » responsables des malheurs qu'il n'expliquait pas davantage. À la maison, personne ne remarquait plus le langage de mon père.

– Romé, tu sais maintenant que ta mère est partie depuis dix jours, dit papa, son regard s'attachant à l'écran de la télévision. Ta grand-mère te l'a appris, Brigitte t'en a parlé aussi. Il faudra nous habituer à cette absence.

Il se tut. Il respirait fort. Chaque inspiration collait son T-shirt aux côtes, dévoilant ainsi la maigreur de son torse.

– Ton père est plutôt racho, constatait Juliette. Il est petit, maigrichon et Éléonore n'est pas si grande que ça à part ses seins qui jettent et moi je me demande comment les deux ont réussi à fabriquer un garçon aussi balèze que toi. Si tu continues à pousser, tu joueras dans une équipe de basket et tu deviendras une star du sport.

« Ta mère est partie. »

Je reprenais espoir, à moins que ce ne soit que de la curiosité, mais en tout cas « Ta mère est partie » était moins brutal que « Ta mère est morte ».

– Où elle est partie, maman ? À son travail ? Elle sera là, dimanche ?

Je disais n'importe quoi, parce que ce qui clochait à la maison était le signe d'un mauvais climat. L'obscurité. La télévision. Papa m'appelait Romé et pas Roméo. Son regard me fuyait et s'agrippait à l'écran qui montrait un chanteur inconnu. Mon père considérait que les artistes, tous les artistes mais particulièrement les chanteurs, étaient des « fainéants et des tapettes ».

– C'est quoi une tapette, maman ?

– Demande à Serge, avait répliqué Éléonore.

J'avais demandé à Juliette, qui savait plus de choses que moi sur tous les sujets. Pourtant, pour ce cas précis, elle s'était instruite auprès de son frère Léopold, âgé de onze ans, soit trois ans de vocabulaire de plus que nous.

– Léo déteste ce mot, m'avait prévenu Juliette. Il dit que si tu l'emploies, tu es un con et que... et que...

– Et que quoi ?

Juliette avait rougi.

– Que ton père est aussi un con, mais là je ne suis pas d'accord, moi je l'aime bien Serge, il me file toujours des bonbons, pas comme Éléonore qui dit que le sucre fait grossir.

La cour de l'école nous avait expliqué le sens du mot « tapette ». Elle nous apprenait presque autant de vocabulaire que l'instituteur.

Le regard de papa se détacha enfin de l'écran et se posa sur moi.

– On a une sale période à passer, Romé, alors on va se la prendre tous les deux à bras-le-corps, sans flancher, comme les hommes que nous sommes. Éléonore, c'est fini, nous ne la reverrons plus, donc inutile de pleurnicher, ça ne la ramènera pas. À partir d'aujourd'hui, mon gamin, une nouvelle vie nous attend et je veux t'en parler.

Il ne m'annonça pas grand-chose, ce jour-là. Papa ne savait jamais trop comment se débrouiller avec les mots et le soir de mon retour, il le savait encore moins que d'habitude. Il se contenta de me prévenir que je changeais de prénom.

– Roméo, ça ne me plaît pas. Ce prénom ne m'a jamais vraiment plu, mais c'était le choix d'Éléonore et je voulais lui faire plaisir. Roméo ça fait…

Il se tut, grimaça, se frotta les yeux. Ses paupières étaient rouges. Je n'appris que quelques jours plus tard ce que ça faisait, selon lui, de s'appeler Roméo. Pédé. Il m'appela en criant depuis la fenêtre ouverte de la cuisine :

– Romé, tu rentres, on mange !

Il m'informa après les carottes râpées, sans doute parce que je ne répondais pas à sa question, faisant semblant de croire qu'il plaisantait.

– Romé, j'aurai besoin de toi à l'épicerie. Tu me donneras un coup de main ?

Silence. Avaler des carottes râpées, hachées aussi grosses que des branches d'arbre, exigeait une énorme concentration.

– Roméo, c'est un prénom de pédé. À l'école, ils ne vont pas se gêner pour te le dire, alors vaut mieux qu'on s'habitue à Romé. En plus, ça évitera les conneries genre Roméo et Juliette.

En tout cas, le jour de mon retour de « vacances », j'appris le pourquoi de mon prénom que je n'aimais d'ailleurs pas beaucoup. Mamie ne l'aimait pas non plus. Parfois, en m'embrassant le soir dans mon lit, elle ronchonnait : « Bonne nuit Roméo, mon chéri… quelle idée bizarre que ce prénom théâtral. »

– Pourquoi maman m'a appelé Roméo si t'étais pas d'accord ?

Je posai ma question doucement, en lorgnant du côté du salon, comme si je m'attendais à voir Éléonore assise dans un fauteuil, son éternelle cigarette entre les lèvres ou buvant son café.

– Brigitte Lescuyer venait d'accoucher de Juliette, quand tu es apparu. Vous n'avez que deux mois d'écart. Éléonore a trouvé amusant de t'appeler Roméo sous prétexte que nous sommes voisins.

Je ne voyais pas le rapport.

– Roméo et Juliette sont des personnages de bouquin, expliqua mon père en haussant les épaules.

Il mania la télécommande de la télévision comme si elle était une boule de pâte à modeler. Il hésita, précisa :

– Ils sont fous amoureux dans le livre, mais les livres ne racontent que des idioties. Dans la vie, l'amour n'existe jamais comme ça, il y en a toujours un des deux qui triche.

Je trouvais formidable que Juliette et Roméo soient fous dingues d'amour et je comptais bien le raconter à ma voisine dès le lendemain.

La nouvelle vie promise se résumait à ça ? Romé au lieu de Roméo ? Ce fut le cas les jours suivants. Papa parlait peu. Il était triste, même s'il me souriait quand il me croisait. Il partait au travail, à l'épicerie, en milieu de matinée, me laissant à la garde de Brigitte Lescuyer. Notre voisine n'avait pas de mari, ce qui m'étonnait puisqu'elle avait deux enfants. Je ne posais pas de questions sur un sujet aussi embarrassant. L'épicerie de mon père battait de l'aile. Elle ouvrait quelques heures par jour et parfois elle demeurait fermée durant deux ou trois jours.

– Il va falloir se serrer la ceinture, m'annonça papa, puisqu'on ne peut plus compter sur l'argent…

Depuis la mort de maman, il ne terminait plus certaines phrases. Le manque d'argent et la disparition de certains mots faisaient partie de notre nouvelle vie ?

– T'as pas de mère, j'ai pas de père, maintenant on est à égalité, me dit Juliette, alors qu'elle tournait les pages d'un livre, sans s'occuper de moi, assis à côté d'elle.

– Papa m'a raconté que normalement Roméo et Juliette sont amoureux.

En parlant, je jetais des pincées de petits cailloux sur le livre de Juliette.

– Je suis plus ou moins au courant, répliqua Juliette et je suis d'accord pour qu'on soit amoureux, mais tu n'as pas besoin d'abîmer mon roman.

Elle leva brièvement la tête.

– Serge a décidé que maintenant on doit t'appeler Romé. C'est tout con. Romé et Juliette, ça n'existe pas.

Brigitte m'appelait Roméo, sauf quand papa était à portée d'oreilles. Dans ce cas-là, je devenais Romé, mais elle grimaçait et semblait même en colère. Elle m'avertit :

– Ton père exige que tu sois Romé, je ne comprends pas très bien ses raisons, mais bon tu seras Romé. En ce moment, il faut surtout ne pas le contrarier, il a besoin de notre aide.

Elle imagina une solution pour contourner ce Romé qui lui déplaisait. Quand papa était près d'elle, elle disait « le petit, le gamin, votre garçon » ou employait d'autres formules qu'elle trouvait sur le moment. Léopold, lui, se montrait d'accord pour Romé. Il détestait son propre prénom, préférait qu'on le raccourcisse en Léo. Il commentait, en rigolant.

– On hérite tous les deux de prénoms cul-de-jatte. De toute façon, on les emmerde.

Une déclaration de guerre dont je ne comprenais pas le sens. On emmerdait qui ?

À notre grand soulagement, à Juliette et moi, la rentrée scolaire arriva enfin. Juju adorait l'école. Pas moi, pourtant je trouvais le temps long à traîner dans le jardin ou la cour des voisins, à traîner autour de notre maison, à traîner en bécane sur la route, devant chez nous. Il ne se passait rien. Parfois, Léo m'emmenait à la pêche, au bord de l'Agon, mais c'était presque aussi ennuyeux. Le frère de Juliette pouvait rester trois heures le cul dans l'herbe, à regarder le bouchon de sa ligne danser sur l'eau. Nos maisons étaient trop isolées, trop loin de Sponge. Brigitte Lescuyer ne travaillait pas – « Elle profite d'un sacré foutu bel héritage », déclaraient papa et Éléonore – mais elle ne s'occupait pas beaucoup de nous trois. Elle disait, prenant un air sévère d'institutrice s'adressant à des élèves bornés :

– À la campagne, vous avez la chance d'avoir tout ce qu'il faut pour ne pas vous ennuyer ou devenir des idiots hébétés derrière un écran comme les gosses des villes. Faites preuve d'imagination et utilisez la nature qui nous entoure.

Tout ce qu'il faut ? Une balançoire ? Un vélo ? Les prés avec des vaches ? La forêt qui encerclait la vallée ?

La rentrée scolaire marqua une nouvelle étape dans cette autre vie qui commençait après la mort de ma mère.

L'école reprenait dans trois jours. Depuis une semaine, papa revenait tôt de l'épicerie. Il rouspétait du matin au soir.

– Les gens dépensent de moins en moins pour la nourriture. Ils n'ont plus assez d'argent à la fin de l'année, avec les frais de scolarité, les impôts qui tombent et tout le bataclan. En plus, il y a de moins en moins de boulot dans la vallée et comme les rastaquouères sont servis en premier, il ne reste que les miettes pour nous, les Français.

Je ne comprenais pas grand-chose à sa colère. D'ailleurs, il ne s'adressait pas vraiment à moi. Il se parlait. Parfois, il prenait à témoin le chien de nos voisins qui adorait se coucher sur notre pelouse. Spirou. Un gros chien noir, sans race, mais gentil au point d'accepter que Juliette et moi l'utilisions comme peluche.

Les rastaquouères ?

J'entendais ce mot pour la première fois. Je l'entendis une seconde fois trois jours avant la rentrée scolaire. Mon père ratissait les premières feuilles de bouleaux tombées tôt du fait de la sécheresse de l'été. Moi, je canardais les tourterelles grâce au lance-pierre que m'avait fabriqué Léo, mais le caoutchouc ne valait rien. Les oiseaux roucoulaient, sans broncher. Ils me narguaient.

– Romé, viens charger les feuilles dans la brouette !

– Je peux pas, c'est trop lourd.

Papa cessa de ratisser. Il s'appuya au râteau. Il semblait avoir besoin de cette béquille.

– Tu te fous de moi ? Tu es si costaud que tu pourrais pousser cent brouettes.

C'était vrai que les outils qu'utilisait mon père paraissaient moins fragiles que lui.

– En plus, gamin, maintenant tu arrives à l'âge où il faut t'endurcir et penser à devenir un homme. Tu ne peux plus te laisser bouffer par la vie comme avant. On a trop été victimes, tous les deux.

Je me traînai vers la brouette en râlant :

– Je salirai mon jean et même mon T-shirt.

Un argument imparable, en principe. Papa était furieux quand je me salissais.

– On voit bien que ce n'est pas toi qui laves.

Je pris une petite brassée d'herbe. La plus maigrichonne possible, mais papa oublia son travail et aborda un autre sujet.

– Lundi, la rentrée. Tu te sens prêt, gamin ?

– Oui. J'ai envie.

– Tant mieux, parce que j'ai oublié de te prévenir : tu changes d'école.

– Je change d'école ?

L'herbe me tomba des mains. Papa posa le râteau et partit s'asseoir sur le muret qui clôturait la propriété. Il tapota le béton près de ses fesses.

– Viens là, mon gamin.

Je n'obéis pas. Souvent, quand il m'appelait mon gamin et exigeait que je l'écoute, c'était qu'il s'apprêtait à faire une annonce désagréable.

– Je vais où, à l'école ?

Je n'en menais pas large. Je pressentais la catastrophe.

– Plus à celle d'avant, Romé. Plus à Anatole-France. Ils accueillent trop de rastaquouères là-bas et si ça continue, à ce train-là, tu apprendras à parler petit nègre ou à faire le ramadan, mais bonjour le niveau scolaire. Tu iras à Jeanne-d'Arc, une école privée, bon, ils prennent pas mal de pognon là-bas, mais tu seras à l'abri.

Je ne comprenais rien à ce discours où s'emmêlaient rastaquouères et ramadan, ni de quoi je devais m'abriter. En revanche, je comprenais clairement que je ne serais pas en CE2 avec Juliette. Nous étions dans la même classe depuis la première année de maternelle. Je fondis en larmes.

– Juliette…

– Tu l'auras le soir, le dimanche, les vacances, ta Juliette. Bon Dieu, il n'y a pas de quoi pleurer : une école est une école. Juliette est une bonne gamine, d'accord… mais heu… puisqu'on aborde le sujet des copains, je te conseille de moins traîner avec Léopold, au bord de la rivière, ou ailleurs.

– Je ne veux pas aller à l'autre école.

Papa sortit un mouchoir de sa poche et épongea mes larmes.

– Inutile de discuter, Romé. Je t'ai averti : nous devons changer une grande partie de notre façon de vivre, alors autant commencer par un bout. Je n'y peux rien, moi, si les curés sont moins cons que les autres. Eux, ils ne remplissent pas leur école de rastaquouères.

Ma dernière défense consista à demander qui étaient ces dangereux rastaquouères qui me privaient de Juliette.

– Les rastaquouères sont les enfants qui ne travaillent pas bien à l'école ? Si je continue à aller à Anatole-France, avec Juliette, je te jure que je serai le premier de la classe.

Papa enfonça sa main sous l'épaisseur de ma tignasse. Il me frotta le crâne comme s'il me lavait les cheveux.

– Ouais, si on veut pour les rastaquouères, mais il n'y a pas que leurs résultats scolaires. La prochaine fois qu'on se promènera dans les rues de Sponge, je te les montrerai. Il y en a de plus en plus chez nous, vu qu'on leur réserve le travail, les logements et qu'on leur donne tout. Viens, on se mange un cône glacé, il n'y a pas meilleur que la glace pour assécher l'eau des yeux.

– Je m'en fous de la glace, je veux aller à l'école avec Juliette !

Papa fit comme s'il n'avait rien entendu. Il me frotta le crâne avec encore plus d'énergie. Sa main descendit sur ma nuque, saisit une poignée de cheveux.

– Bon Dieu, fiston, tu te rends compte des tifs que tu trimballes sur la tête ? Si tu continues, tu en auras jusqu'aux épaules. Il faut qu'on coupe ça vite fait, sinon on te prendra pour une fille. Tu ne veux quand même pas ressembler à un p'tit pédé, hein ?

Il éclata de rire, me donna un coup d'épaule et retourna à ses tas de feuilles.

PREMIER RÉCIT DE JULIETTE

C'était formidable d'être au collège de Sponge, avec Roméo, après ces trois années de séparation. Nous étions dans la même classe de sixième. Nos tables se touchaient.

– Formidable, ma chérie, moi je veux bien, à condition qu'il ne perturbe pas ton travail à l'école. Roméo est un mauvais élève, d'après Serge, mais ce n'est pas parce que son père se moque de ses résultats scolaires que je tolérerai la même chose.

Maman tenait ce discours au moins une fois par semaine. J'occupais la première marche du podium à l'école, depuis toujours, et elle exigeait que je conserve cette place. Elle se montrait moins sévère pour mon frère Léo. Elle haussait les épaules en marmonnant :

– Un garçon… que peut-on attendre d'un garçon de quatorze ans, à part taper dans un ballon, traîner avec des copains, écouter de la musique où se détruire la vue derrière un écran d'ordinateur ? Tandis que les filles…

Elle soupirait, me caressait les cheveux, ce que je détestais, ajoutant parfois :

– Dommage qu'ils ne soient pas roux comme les miens. Je me demande comment j'ai pu fabriquer deux blondinets, alors que votre père avait des cheveux d'un noir de charbon. Bon, celui-là, laissons-le là où il est.

Chaque fois, je demandais :

– Il est où, papa ?

La réponse était toujours la même :

– Dieu seul le sait, et c'est tant mieux.

Il m'arrivait de conclure le dialogue par un jugement brutal.

– Ce type est un sale con. Il nous a abandonnés comme si on n'était rien.

Maman répondait « oui », sans corriger la vulgarité de mon langage, ce qu'elle faisait toujours dans d'autres occasions. C'était sa façon de me dire que, oui, Alex Lescuyer, envolé on ne sait où six mois après ma naissance, était un sale con que nous devions oublier à tout jamais. Parfois, afin de souligner davantage la valeur de son opinion, elle caressait notre chien Spirou et ajoutait :

– Au moins, lui est fidèle et nous protège autant qu'il peut.

En tout cas, si la présence de Roméo dans ma classe de 6e1 n'emballait pas ma mère, moi je trouvais sensationnelle cette chance qui nous rassemblait devant les mêmes profs, alors qu'on nous avait séparés pendant trois ans sans nous demander notre avis.

Roméo.

Le prénom me plaisait. C'était une trouvaille de sa mère, Éléonore. Elle voulait adresser un clin d'œil à ses voisins. À moi. Du moins, maman le racontait, mais sans grande conviction, comme si elle n'était pas certaine que ce soit la vérité. Elle haussait les épaules, marmonnait :

– Si c'est le cas, ce n'est pas très drôle. On ne plaisante pas avec un prénom conservé toute une vie.

Petite, je connaissais déjà l'histoire de Roméo et Juliette, mais pour plaire à Roméo je jouais à celle qui l'apprenait de sa bouche. Il lui fallut quand même des années avant qu'il se décide à faire ce que les héros du livre font, puisqu'ils sont amoureux. Quand il me le demanda, pendant les vacances d'avant la sixième, je fus aussitôt d'accord.

– Juju, on s'embrasse sur les lèvres, comme dans les films ?

Il n'attendit pas que je réponde « oui » ou « non », décida que c'était « oui » et me prit par le cou comme s'il pratiquait une prise de judo.

Après, il s'essuya les lèvres à se les arracher et dit :

– Pouah, ça colle et tu sens le chocolat.

Je pensais aussi que c'était moins bien que dans les histoires que je lisais, mais avec de l'entraînement on s'améliorerait sûrement.

Depuis la mort de sa mère, Roméo changeait.

– Pas en bien, constatait maman. Il tourne garnement.

Il ne parlait presque jamais de la mort d'Éléonore. Quand, au début, je demandais si elle lui manquait, il se mettait en colère et répliquait :

– Papa dit que la page est tournée et que pleurer ne sert qu'à nous transformer en fille.

Il ne pleurait pas. En tout cas, il ne pleurait pas la disparition de sa mère.

– Tu vas de temps en temps au cimetière ?

Il jouait au ballon dans sa cour quand je lui posai cette question, alors que maman l'avait ramené de chez sa grand-mère depuis à peine quinze jours, après le décès d'Éléonore.

– Papa dit qu'on ne peut pas, elle est dans le village de son enfance, en Bretagne. Tant mieux. Je déteste les cimetières où ils ne mettent que des fleurs en plastique sur les tombes.

Il frappa le ballon de toutes ses forces. Son père se montra à la fenêtre de la cuisine et cria :

– Tu comptes casser ma porte ? Où tu prendras l'argent pour la réparer ?

Éléonore disparut peu à peu de nos conversations. Maman m'ordonna plus ou moins de l'effacer de nos mémoires.

– Juliette, tu évites le sujet « Éléonore ». Elle n'est plus là et en parler n'arrange rien, bien au contraire. On entretient le chagrin. Serge est malheureux et Roméo aussi, même s'il veut jouer au dur et ne le montre pas.

J'avais dit à Roméo que nous étions à égalité, moi sans père, lui sans mère, qu'il n'y avait plus de jaloux comme ça.

Ses yeux m'avaient avertie qu'il valait mieux que je me taise. N'empêche que Brigitte et Serge parlaient d'Éléonore. Ils changeaient de sujet dès que j'approchais.

Trois ans après la mort d'Éléonore, je surpris une de ces mystérieuses conversations. J'étais revenue plus tôt de l'école, ce jour-là, parce que l'institutrice était malade. J'avais posé mon vélo contre un arbre du jardin et étais entrée dans la maison en passant par le sous-sol. Serge et Brigitte étaient dans la cuisine. Je les entendais parler.

– Serge, il faut vous reprendre, disait ma mère. Au bout de trois ans, vous devez enfin accomplir ce travail de deuil. Éléonore ne vous reviendra pas et vous ne pouvez pas continuer éternellement de cette façon.

Je m'étais approchée en douce jusqu'à la porte entrouverte.

– C'est dur, bordel ! gémissait Serge Lopez. Trois ans ou pas, je n'arrive pas à l'accepter et je ne l'accepterai jamais.

– Il le faut pour Romé. Il entre en sixième en septembre et j'ai l'impression que… qu'il est un peu… heu… livré à lui-même, non ? C'est important de bien s'occuper d'un garçon de onze ans, surtout à cet âge ingrat. Peut-être que moi je n'ai pas su tenir la barre avec mon Léopold.

– Éléonore lui manque aussi à mon gamin. Il n'en parle pas, parce que je refuse que nous abordions ce sujet.

Puis ce fut le silence. Soudain, des bruits bizarres se glissèrent au milieu de ce silence. Je retenais ma respiration, essayant de deviner. Serge Lopez embrassait ma mère ?

Ou alors, il se passait quelque chose d'encore plus osé ? J'imaginais ça, le cœur en vrille, en songeant que notre voisin était fourré chez nous pour un oui ou pour un non, et ce n'était peut-être pas seulement pour emporter les confitures ou les gâteaux de maman. Ce n'était pas la première fois que l'idée me venait en tête et j'avais posé la question à Roméo.

– Tu crois que ton père couche avec ma mère ?

– T'es frappadingue ma Juju ! Brigitte déteste les mecs depuis que...

Il n'allait jamais plus loin dans la conversation quand il en arrivait à mon père.

Pourtant, ce jour-là, je me disais que ma mère faisait peut-être une entorse à son célibat et Serge une entorse à son deuil qui n'en finissait plus. Je me penchai vers l'ouverture de la porte, assez pour voir l'intérieur de la cuisine. Maman enlaçait bel et bien le père de Roméo. Elle lui tapotait l'épaule, le dos, la nuque, tout ce qui était à portée de ses mains. Je n'avais que onze ans, mais je savais quand même qu'un homme et une femme qui s'apprêtent à faire des trucs ne se caressent pas de cette façon. Les bruits bizarres entendus étaient les sanglots de Serge. Ma mère le confirma.

– Ne pleurez pas, Serge. Les larmes ne servent plus à rien, elles vous détruisent. Vous devez penser à Romé. Il doit être le but de votre vie.

Pourquoi ma mère obéissait-elle à la consigne ridicule que Serge répétait sans cesse : « Romé, bon Dieu, pas

Roméo, ce n'est pourtant pas sorcier ! » Chaque fois, ça me choquait. En tout cas, je découvrais que la page Éléonore n'était pas tournée.

Roméo changeait et, comme maman, je n'aimais pas toujours les transformations. Je vécus le premier choc une quinzaine de jours après la rentrée, quand il grimpa dans le bus de ramassage. Le bus marquait un arrêt au Petit Clocher, entre nos deux maisons. J'étais assise depuis une minute. Le chauffeur s'énervait et klaxonnait. Roméo était en retard. Il était toujours en retard les jours où Serge ouvrait tôt l'épicerie. Son père étant absent, personne ne lui ordonnait de se dépêcher.

– Ton copain me fatigue un maximum ! s'exclama le chauffeur, en se tournant vers moi, comme si j'étais la coupable.

Roméo m'exaspérait aussi. J'étais certaine qu'il faisait exprès de traîner. Une provocation. Il aimait de plus en plus provoquer les adultes, même les profs, et sa conduite ne m'amusait plus. Si je lui disais, il répliquait par une phrase dépourvue de sens.

– Je ne leur ai rien demandé et je ne demande rien à personne.

Ce jour-là, quand Roméo grimpa dans le bus, les rires et les remarques idiotes le cueillirent de plein fouet, avant qu'il ait eu le temps de s'asseoir près de moi.

– Putain, le bagnard !

– T'es tombé sous la tondeuse à gazon ?

– Gaffe, il a des poux !

– Ouais, le skin !

Le crâne rasé. Ses magnifiques cheveux noirs, très longs, semblables à ceux du vrai Roméo de Shakespeare, étaient coupés et laissaient place à une peau grise peu appétissante. Il était laid. Son crâne dévoilait des creux et des bosses. Le chauffeur se marra et plaisanta. Il lui rendit sa carte de bus en disant :

– Tu me changeras la photo si tu veux que je te prenne la prochaine fois, parce que je ne suis pas certain que tu sois Roméo Lopez.

Le bus démarra. Roméo resta debout, face à la meute excitée. Surtout les filles.

– Tu t'assieds, gamin, ordonna le chauffeur.

Roméo tendit le bras droit en direction du siège le plus proche de lui, mais il parla en regardant l'ensemble du bus.

– Bande de pédés, je vous nique si je veux et quand je veux. À partir de maintenant, le premier qui rigole, je le casse en deux. Et je commence par toi, Antoine.

Roméo fixa Antoine, placé au bout de son bras. Il agita l'index, sans parler, mais avec tant d'insistance et de hargne que les rires refluèrent. À onze ans, Roméo en paraissait quinze. Un bon mètre soixante, des muscles visibles et ce jour-là, une tête de pitbull mal nourri.

Les rires et les plaisanteries cessèrent. Antoine ne répliqua pas. Le chauffeur intervint :

– Faudra te calmer, Roméo, sinon j'avertis mon collègue qui te laissera en plan au retour ce soir et j'en touche deux mots au principal du collège.

Il s'est assis à côté de moi. Son crâne tout nu me coupait l'envie de plaisanter.

– T'es dingue ? Qu'est-ce qui t'a pris ? T'es moche, comme ça.

Roméo se blottit contre mon épaule. Il ne me regardait pas, pourtant je devinais que ses yeux étaient des braises.

– C'est mon père qui a voulu.

– Serge ? Il est taré ! Pourquoi tu as accepté ?

– J'en sais rien. T'y mets pas toi aussi, Juju, s'il te plaît. J'y peux rien, c'est fait, c'est fait. Ils repousseront.

Il fit semblant de dormir afin de m'empêcher de parler. Tant mieux. Je ne trouvais plus rien à dire tellement ce délire stupide me désolait.

Au collège, Roméo hérita du surnom de « skin », du moins de la part des troisièmes, les seuls à être assez costauds pour ne pas craindre d'être « cassés en deux ».

Le soir, je me rendis à l'épicerie que tenait notre voisin, au fond d'une petite rue de Sponge. Ma mère me reprendrait là, ce qui arrivait parfois quand elle faisait des courses en ville. C'était plus agréable que le bus de l'école. Serge remplissait un mots croisés. Pas un chat dans la boutique.

– Pourquoi vous avez coupé les cheveux de Roméo ? Il est moche, maintenant.

Il leva à peine la tête.

– Avec ses tifs de fille, il était comment ? Ton amoureux, tu l'aimes en fille, comme toi ? Tu n'as pas assez de Léopold avec ses cheveux de marquis qui lui tombent jusqu'aux épaules ?

– Ce matin, dans le bus, il faisait semblant de dormir, mais j'ai vu qu'il pleurait. Les autres se moquaient de lui.

Serge Lopez quitta son siège et sa caisse enregistreuse qui n'enregistrait pas grand-chose, à en croire ma mère.

– Je t'aime bien, Juliette, surtout quand tu viens discuter avec moi à la maison, mais ne te mêle pas des problèmes des hommes, ça vaudra mieux. Va faire tes devoirs dans l'arrière-boutique, comme d'habitude. Je te ramènerai chez toi, Brigitte me l'a demandé au téléphone.

Il me tourna le dos, s'infiltra entre deux rayons. J'abattis ma dernière carte.

– N'empêche qu'il est moche en skin et mon frère lui, il est beau et toutes les filles le regardent, tandis que Roméo…

La voix me parvint d'entre les boîtes de conserve :

– Romé, bon Dieu, ce n'est pas compliqué à dire ! Romé, il t'a, toi, donc pas besoin d'autres filles. Tu lui suffiras… à moins que tu ne le laisses tomber, ce qui ne m'étonnerait pas plus que ça, parce que vous les femmes, on se demande parfois ce qui se tricote dans votre tête.

Il marqua une pause, alors que je poussais la porte de l'arrière-boutique. Puis, sa voix ressurgit, aussi forte que s'il s'adressait à une foule :

– Je ne veux pas d'un p'tit pédé comme fils. Romé, j'en ferai un homme, un dur à cuire à qui personne plus tard ne pourra chercher des poux comme on m'en a cherché à moi.

Les cheveux de Roméo n'eurent jamais le temps de repousser assez long. La tondeuse de son père intervenait avant. La boule à zéro. Roméo ne protestait plus. Il aimait de plus en plus sa tête de bagnard. Je m'habituais. Tout le monde s'habitua, sauf Léopold qui déclara : « Son père est nul. »

À partir de la classe de sixième, beaucoup de choses commencèrent à changer, chez nos voisins. Hors du collège, je voyais Roméo moins souvent. Le mercredi après-midi, il restait seul chez lui. Serge décida qu'il était assez grand pour se garder. Il disait : « La solitude endurcira mon garçon. »

– Il peut déjeuner avec nous, proposait ma mère.

– Non. Il mange un sandwich. Si ça ne suffit pas, il se prépare sa bouffe. Je ne vais pas le materner jusqu'à sa majorité.

« Sa bouffe » resta en travers de la gorge de maman, pourtant habituée aux expressions parfois vulgaires de Serge Lopez. Malgré l'interdiction, il arrivait que Roméo mange le mercredi à la maison. Après le repas, je proposais d'aller à Sponge en vélo, si le temps le permettait. Quatre kilomètres. Il refusait une fois sur deux.

– On aura l'air de quoi sur nos bécanes pourries, et on fera quoi dans ce bled pourri ?

« Pourri » devint un de ses mots préférés, en sixième. Il empruntait de plus en plus souvent le langage grossier de Serge. Parfois, il utilisait les mêmes expressions et les prononçait sur le même ton.

– Il veut faire plaisir à son père, affirmait maman. Roméo file un mauvais coton. Il faut que je parle sérieusement à Serge.

Elle ne le fit pas ou alors ses conseils restèrent sans effet. Notre voisin semblait de plus en plus buté et sûr de ses méthodes d'éducation.

Roméo refusait de m'accompagner à Sponge en vélo, mais il acceptait de s'y rendre avec mon frère qui était en classe de troisième. Là, plus de « bécane pourrie » et de « bled pourri » si Léopold sortait avec lui. Ils ne me racontaient jamais ce qu'ils faisaient à Sponge, pas plus qu'ils ne racontaient leurs balades au bord de la rivière.

– On se marre, déclarait Roméo, si j'insistais.

Lorsqu'un policier municipal sonna à notre porte, nous sûmes comment Léopold et Roméo s'y prenaient pour se « marrer ». Brigitte connaissait bien le policier, Laurent Grandguillaume. Il était devenu un ami depuis qu'ils travaillaient tous les deux, de temps en temps, aux Restos du cœur. Il faisait nuit, une nuit épaisse d'octobre et quand la sonnette retentit, maman s'écria : « Mon Dieu ! » Elle se précipita à la porte, ouvrit :

– Laurent ? On a un souci aux Restos ?

Léopold quitta le salon, sans dire bonsoir à Laurent, ce qui me mit la puce à l'oreille.

– Aux Restos, non, Brigitte, tout va bien, mais avec Léopold, oui.

– Léopold ? Je ne comprends pas.

– Léopold et Roméo Lopez ont fait de grosses bêtises. Ils ont volé la barque d'un pêcheur, ont ramé jusqu'au moulin, un endroit hyper dangereux avec le débit actuel de l'Agon. Ces idiots, au lieu d'abandonner l'embarcation, n'ont rien trouvé de plus drôle que de la précipiter dans le déversoir, puis de l'autre côté, alors qu'elle était déjà sérieusement amochée, ils l'ont bousillée à coups de pierres.

Le propriétaire ne porta pas plainte, se contentant d'exiger le remboursement de son bateau. Brigitte et Serge acceptèrent, évidemment. Léopold reçut une engueulade monumentale. Maman le priva d'argent de poche pendant six mois. Interdiction de sortie pendant un mois. La réaction de notre voisin nous stupéfia. Il frotta le crâne nu de son fils, en souriant, puis éclata de rire.

– Un jeu de garçon, plein de sang vif, pourquoi en faire un plat ? C'est Romé qui a eu l'idée. Il a entraîné Léo dans l'aventure. Ah ça mon gamin, il est pas du genre à rêvasser sur un bouquin. Il remboursera sa dette en travaillant encore plus à l'épicerie. Voilà, l'affaire est close.

Roméo travaillait à l'épicerie le samedi.

– Quel genre de travail peut-on faire à onze ans ? s'étonna ma mère.

La situation financière de notre voisin l'étonnait. Il semblait ne pas avoir de gros soucis d'argent. Il changea sa vieille Peugeot contre un gros 4x4.

– Pourtant, l'épicerie est toujours aussi merdique, déclara Léopold, qui passait devant le mardi soir, en se rendant à sa leçon de saxophone.

Maman confirma :

– Il n'y a pas beaucoup de clients, c'est certain. Je prends deux ou trois bricoles là-bas de temps en temps, pour lui faire plaisir. Je suis toujours seule à la caisse.

Je questionnai Roméo, d'une façon très hypocrite, et il me répondit en trichant lui aussi.

– Plus tard, tu reprendras l'épicerie de Serge. Vous changez de bagnole, tout ça. Elle doit rapporter plein de thunes, vous avez de la chance.

Je me doutais que « plein de thunes » lui plairait, peut-être même au point d'amorcer des confidences.

– Ouais, on se débrouille pas mal. Quand on connaît à fond la clientèle, on lui fournit ce qu'elle attend et c'est bon. Mais moi épicier, plus tard, tu m'as bien regardé ?

– Tu fais quoi à l'épicerie, le samedi ?

– Je livre.

– Quoi ?

– La camelote.

– C'est quoi la camelote ?

– Ben, tout ce qui fait partie de la camelote, quoi.

– Tu la livres à pied ?

Roméo haussa les épaules.

– Ça va pas la tête? Non, à cheval, en hélicoptère, au volant d'une BM classe, ça dépend.

Il changea de sujet.

Il grandissait, devenait de plus en plus grand, de plus en plus baraqué.

– Dommage, commentait ma mère, Roméo est un beau garçon.

Qu'est-ce qui était dommage ?

Il avait de grands yeux verts, aussi limpides qu'une eau de source. Moi, je ne grandissais guère. J'étais une fille blonde, « trop pâle », déclarait maman. La plupart du temps, je portais un jean quelconque et un pull plus ou moins chaud selon les saisons. Roméo oubliait les bisous de notre enfance, quand on jouait à « Roméo et Juliette pour de vrai ». Il oubliait aussi cette incroyable proposition faite dans ma chambre, l'année de notre CM2, lui à Jeanne-d'Arc, moi à Anatole-France.

– Si je te montre, tu me montres ?

Je lisais, allongée sur mon lit. *Mon bel oranger.* Mes yeux étaient si collés aux pages passionnantes que je répondis un vague : « Quoi ? » Roméo, lui, se baladait sur mon ordinateur et s'ennuyait.

– Dans ma classe, à Jeanne-d'Arc, ils disent qu'on ne peut pas entrer en sixième sans avoir vu. Au collège, on nous apprend l'éducation sexuelle et on ne comprend rien si on n'a pas vu. Tu me montres ?

Éducation sexuelle me poussa hors de *Mon bel oranger.*

– Montre quoi ?

– Toi, toute nue.

Je m'y attendais un peu, mais quand même. Il faisait si chaud dans ma chambre, située sous le toit de la maison, que j'étais en maillot de bain. Un deux-pièces coloré, avec des fleurs, mais il n'y avait pas beaucoup de fleurs sur si peu de tissu.

– T'es dingue ? J'y suis déjà, toute nue.

– C'est toi l'intello, la reine des CM2, pas moi qui suis le nul, mais n'empêche que je connais le sens de TOUTE.

Il prononça si fort « toute » qu'on aurait dit le mugissement d'une sirène de bateau. Il repoussa sa chaise, se tourna vers moi et me regarda en fronçant les sourcils. Il semblait se demander pourquoi je faisais autant d'histoire.

– Tu m'as vue toute nue quand on se baignait dans l'Agon avec Éléonore et maman.

Roméo soupira.

– On avait six ou sept ans, c'est pas pareil.

– Qu'est-ce qui n'est pas pareil ?

Roméo haussa les épaules et me tourna le dos.

– Des fois, Juju, tu me prends pour un con. De toute façon, je m'en fous, ça ne vaut pas le coup que tu me montres. Dans ma classe, ils racontent n'importe quoi. En sixième, je serai encore plus nul qu'en CM2, le nul des nuls, voilà ce qui m'attend, mais je m'en fous, je m'en fous, je m'en fous.

J'avais l'impression qu'il allait pleurer. Il fixa l'écran de l'ordinateur pour éviter de me regarder. Il renifla plusieurs fois, dit d'une voix pleine de brouillard :

– Juliette et Roméo, mon œil.

– D'accord, je te montre, mais tu ne bouges pas de ta chaise. Toi, tu ne me montres pas, je n'ai pas envie.

Je rougis en retirant mon maillot fleuri. Pas à cause de Roméo qui rigolait comme un idiot, mais à cause de Spirou, couché sur mon lit. Il me lorgnait d'un air désapprobateur. Lui non plus ne m'avait jamais vue toute nue. Il retroussait les babines et grognait.

En sixième, Roméo me traita en petite fille. Il mettait beaucoup de bonne volonté à me montrer que j'étais une gamine, tandis que lui était « un mec ». Notre différence de force physique l'aidait dans sa démonstration, mais il en rajoutait. La jalousie le poussait. Il était mauvais élève. J'étais la meilleure de la classe. Lui était un garçon musclé, moi une fille plutôt frêle et, dans la cour de récréation, il discutait avec les élèves de troisième. Il se conduisait comme si je n'existais pas. Parfois, chez nous au Petit Clocher, il agissait de la même façon. J'aimais discuter avec son père, parce qu'il s'adressait à moi comme si j'étais une femme et pas une fille de douze ans. Mais, quand j'entrais chez mes voisins, il arrivait souvent que Roméo sorte. Ce que nous racontions ne l'intéressait pas ou, plutôt, il tenait à montrer que ça ne l'intéressait pas.

– Tu vois mon gars comme il pousse, constata Serge Lopez à la fin de notre classe de sixième. Il devient un homme avant l'heure.

Un gros clin d'œil souligna sa satisfaction.

– Il fera de beaux enfants avec toi, plus tard, à condition que tu te remplumes un peu. Tu es une bonne fille, Juliette, et moi ça m'irait que vous suiviez le même chemin.

Ma mère appréciait de moins en moins que je suive le même chemin que Roméo. Elle trouvait que je traversais trop souvent la route pour entrer chez nos voisins.

– Qu'est-ce que tu fiches là-bas sans arrêt ? Je n'aime pas comment tourne Roméo. Tu ne le vois pas suffisamment au collège ?

Je maniais la provocation.

– J'adore les garçons, maman.

– Tu en as un à la maison. Que sa sœur s'occupe davantage de lui ne pourrait que faire du bien à Léopold. Il fréquente trop Roméo, lui aussi.

– Romé maman. Bon Dieu, ce n'est pas si compliqué !

Imiter Serge Lopez était une de nos plaisanteries.

– Les nouveaux amis de notre voisin ne me plaisent pas beaucoup. Il reçoit maintenant des personnes dont je n'aime guère l'allure.

Elle n'en disait pas davantage. Je savais à qui elle faisait allusion. Des hommes qui parlaient fort, riaient fort et s'engueulaient fort. Depuis notre jardin, j'entendais leur exclamation préférée : « Ils font chier ! » Qui étaient ces « ils » ? Léo pensait comme maman. Il m'avertit :

– Juju, éloigne-toi le plus possible de ces types. Ce sont des abrutis et des sacs à bière.

Je le regardais d'un air sceptique.

– Et je suis gentil en parlant d'abrutis. Leurs poings leur servent de cerveau.

Il m'adressa un sourire de serpent venimeux, ausculta les environs dans la crainte que Brigitte soit à portée d'oreilles.

– À moins que ce ne soit leur bite qui leur serve de cerveau.

La fin de cette année de sixième arriva très vite. J'étais la meilleure de la classe. La cinquième s'ouvrait devant moi.

– Les profs doivent s'écharper pour t'avoir dans leur classe, rigolait mon frère.

Et Roméo ?

Il fallut attendre le conseil de classe. Il se fichait de ses résultats scolaires – en tout cas, il le déclarait – pourtant il avait peur de redoubler. Durant le mois de juin, il délaissa ses copains. Qui appelait-il ainsi ? Je n'avais pas l'impression qu'il en avait de véritables. Il se rapprocha de moi. Il ne me quittait plus pendant les récréations, s'asseyait à ma table à la cantine, à côté de moi au CDI, ou en études. Il espérait que les profs, touchés par cette fréquentation assidue de la tête de classe, feraient pencher la balance du bon côté.

– Si je repique la sixième, je ne vais plus au bahut, déclara Roméo.

– Tu vas où ? Tu as douze ans.

– Je m'en fous. Je travaillerai au magasin, avec mon père.

– Tu as douze ans. L'école est obligatoire jusqu'à seize ans.

– Je m'en fous.

– Tu feras quoi à l'épicerie ?

– Des trucs. Des trucs que les filles ne peuvent pas faire. T'occupe.

La prof principale nous promit de tout nous dire sur le conseil de classe, « les yeux dans les yeux ». La promesse nous amusa : Mme Soléru louchait. Quelques heures avant le verdict, Roméo approcha ses lèvres si près de mon visage que j'en frémis d'excitation : un baiser ? Le premier depuis nos huit ans ? Hélas, non. Une annonce ridicule :

– Si je redouble, je ne serai plus dans ta classe, Juju. Si nous ne sommes plus ensemble, je me barre de Sponge. Tu te barres avec moi ?

J'aimais beaucoup Roméo, mais pas au point d'écouter de pareilles bêtises. Je m'étais fixé un but, avec ou sans Roméo : devenir médecin et soigner des enfants que la mort voudrait voler avant qu'ils aient vécu.

– T'es barje ? Pourquoi tu dis sans arrêt des trucs qui ne tiennent pas debout ? Une fugue, tu as faim, tu as froid, tu as peur et à la fin, un policier te ramène chez toi et tu as l'air débile, ou alors tu rencontres un assassin ou un pédophile.

Roméo s'écarta. Le baiser ne serait pas pour aujourd'hui.

– Bon, tant pis.

Mme Soléru torpilla ses projets fumeux en annonçant qu'il passait en 5e1. Ma classe.

Nous étions en juin. Roméo ne partait pas en vacances et, cette année-là, moi non plus.

– Je vous emmènerai à la piscine, promit maman. D'ailleurs, quand il fera beau, vous irez en vélo, ce sera un excellent exercice.

– Sûrement pas ! répliqua Léopold. Je connais la musique : le grand qui surveille les petits, merci bien. J'irai voir mes copains tout seul. Que Juju et Roméo se débrouillent.

Ça me convenait. Un roman et Roméo me suffiraient, durant l'été. Pourtant, la veille même des vacances, le premier vendredi de juillet, deux « événements » troublants se produisirent. Pour être plus exacte, le second eut lieu le lendemain, sans que je comprenne le rapport entre les deux. Ce vendredi, Léo et moi étions à la maison dès le début de l'après-midi. Depuis une semaine, nous allions au collège en bicyclette.

– Mon grand en troisième veille sur ma petite en sixième, OK ? demanda maman à mon frère, qui grogna :

– Ouais... ouais... je change aussi ses couches et je lui donne le biberon ?

Roméo prenait le bus au lieu de nous accompagner. Quand je lui proposais d'utiliser son vélo, il répondait n'importe quoi.

– Je peux pas.

– Pourquoi ?

– J'en sais rien. Je peux pas, voilà. Je m'en fous.

« Je m'en fous » entra dans la liste de ses expressions préférées. Ce vendredi après-midi, j'étais donc dans ma chambre, Léo dans la sienne et Roméo attendait le bus à Sponge. Soudain, ma porte claqua brutalement contre le mur et Léopold déboula au pied de mon lit sur lequel j'étais en train de lire *Black Boy.* Il était très pâle. J'eus peur. Un accident était arrivé à maman, partie cueillir des champignons ? Léo me rassura aussitôt en beuglant :

– J'hallucine.

– Quoi ?

– Viens ! Magne-toi !

Il fit demi-tour, sans m'attendre. Je vis ses fesses charnues tressauter sous le slip, le seul vêtement que mon frère portait. Je bondis hors de mon lit, le suivis jusque dans sa chambre. Léo se pencha à la fenêtre.

– Trop tard !

J'étais à côté de lui. De la fenêtre, on voyait la totalité de la maison de Roméo et surtout l'escalier qui conduisait à l'entrée principale, la terrasse et même un peu de la salle de séjour quand les rideaux n'étaient pas tirés.

– Tu sais qui est sorti de chez nos voisins ? demanda Léopold, tout en continuant de surveiller la maison et la route.

– M Pokora ?

M Pokora était son dieu de la chanson.

– Si seulement. Quand je te raconterai, tes plaisanteries à deux balles te resteront en travers de la gorge.

– Ben qui ? Un des types bizarres qui…

– Éléonore ! me coupa brutalement mon frère.

– Qui ?

– Éléonore ! Merde, t'es sourde ? Elle était chez Serge. Elle est sortie, a traversé la cour, marché sur la route jusqu'à une moto qui l'attendait plus loin. Si tu t'étais magnée, tu l'aurais vue.

Léopold et ses vannes pourries.

– Harry Potter conduisait la moto ?

Léo recula. Il m'empoigna l'épaule, me secoua comme si j'étais une tirelire pleine de pièces.

– Arrête de rigoler ! Moi, je ne rigole pas, mais alors pas du tout. Je te dis qu'Éléonore était chez Serge, merde !

Sa pâleur s'accentua. Un visage plâtreux qui m'inquiéta. J'effleurai sa joue.

– Éléonore est morte, Léo. Ne crois pas aux fantômes, tu sais qu'ils n'existent pas.

Il saisit ma main, la plaqua contre sa joue.

– Oui... oui... N'empêche que je ne suis pas dingue... enfin, si peut-être... Je ne sais plus quoi penser, je l'ai vue, je l'ai vue... ou alors je pète les plombs comme grand-père Nicolas qui voyait des serpents partout.

– Papi était alcoolique, ils ont appelé ça le *delirium tremens*. Bon, tu as vu une femme qui ressemblait à Éléonore, pas de quoi paniquer.

Léopold s'éloigna de la fenêtre. Il se coucha sur son lit.

– Juliette, parfois je me fous la frousse. J'ai l'impression d'être différent des autres, alors si ça conduit à des hallucinations... Tu ne parles de ça à personne, ni à maman, ni... ni à ton amoureux d'en face.

Conseil inutile. Je n'avais pas envie que Roméo me traite de débile.

Le lendemain, au réveil, c'est moi qui découvris le second événement bizarre. Un mât d'une dizaine de mètres de hauteur se dressait près de la maison de nos voisins. On aurait dit un tronc d'arbre dépouillé de ses branches. Serge Lopez l'avait installé pendant la nuit. Une corde se balançait autour. À quoi ça servirait ?

– Qu'est-ce que Serge a encore inventé ? demanda maman.

Ce premier jour des vacances, qui pouvait se douter qu'il existait un rapport entre le fantôme d'Éléonore et ce mât ?

DEUXIÈME RÉCIT DE ROMÉO

C'était à la fin de la classe de cinquième ou au début de la quatrième, je ne me souviens plus. J'attendais que Léo termine sa leçon de tennis. Les trois courts s'étalaient au bord de l'Agon, derrière un gymnase. Je m'ennuyais ferme. Je voulais jouer au tennis, mais papa décrétait que nous n'avions pas les moyens de « pratiquer les sports des friqués, pourquoi pas du golf pendant que tu y es ? ». Léopold n'était pas friqué et nous n'étions pas si fauchés que mon père le disait. Il m'expliquait qu'il avait réorienté son commerce et pris de nouvelles dispositions qui « nous éviteraient la mélasse ».

– De nos jours, si on ne s'aventure pas sur des voies nouvelles, on est cuit et on se fait bouffer. On ne se débrouille pas trop mal maintenant parce que j'ai mis le gouvernail dans la bonne direction.

Les voies nouvelles consistaient à vendre en douce des marchandises plus ou moins louches, plus ou moins volées, plus ou moins illégales. Un trafic.

Je marchais le long de la rivière, sous l'ombre des arbres. J'aimais bien Léo. Un copain, malgré la différence d'âge.

– Tu sors plus souvent avec lui qu'avec moi, râlait Juliette. Qu'est-ce que tu fais de plus avec lui ?

Elle exagérait, mais Léopold était un garçon qui n'avait pas froid aux yeux quand il s'agissait de s'amuser et pas une fille toujours en train de bosser son école ou de lire un bouquin. Il m'invitait à boire des Coca dans les cafés de Sponge, me proposait de draguer les filles dans le parc Albert-Camus. Je refusais. Juliette me suffisait. Il m'emmenait à la pêche, mais plus la pêche d'avant, avec un bouchon qui flottait sur l'Agon. Une pêche interdite, excitante. On braconnait en plaçant du carbure dans la rivière. Il ne me disait pas comment il se procurait cet explosif. Je me rendais compte qu'il m'entraînait dans ses sorties quand il s'ennuyait. J'étais aussi son bouclier. J'étais costaud, pas lui. Il avait quinze ans, mais je le dépassais d'une bonne tête et, comme il était trouillard, il savait que je le défendrais en cas d'ennuis. Ça arrivait. Des garçons se moquaient de ses longs cheveux blonds, peignés avec soin et parfois retenus sur le front par une sorte de bandeau. Je lui disais qu'il ressemblait à un joueur de tennis d'autrefois, un Suédois appelé Björn Borg. Quand je lui montrais la photo sur Internet, il se fâchait.

– C'est un bandana, pas un bandeau. Ce sont les Apaches qui portaient ça ! Si je dois absolument ressembler à quelqu'un, que ce soit à un Apache, pas à un stupide joueur de tennis.

Léopold me croyait invincible depuis que je l'avais tiré d'une situation difficile. Un type, plutôt balèze mais ivre, voulait lui soutirer son argent.

– File-moi ton fric, beau blond.

Il tenait Léo par le bras. Je l'avais saisi par le col de sa chemise.

– Je te donne deux secondes pour le lâcher et te tirer aussi vite que tes jambes te le permettront. Après, je t'écrabouille.

L'individu était parti en marmonnant :

– La tantouze blonde, t'as de la chance d'avoir un copain.

La leçon de tennis de Léopold se terminait dans un quart d'heure. Je patientais parce que après nous irions pêcher au carbure dans l'Agon. Il me donnait la totalité de la pêche.

– Si je la ramène à la maison, Brigitte pique une grosse colère. Elle balance les poiscailles à la poubelle. Elle a la trouille qu'on se fasse piquer par les gardes. Il paraît qu'on risque gros.

Sa mère avait surtout peur de l'explosif. Où Léo se le procurait-il ? Il le fabriquait ? Le volait ?

– Quand tu reviendras à la maison avec une main ou un pied en moins, tu seras satisfait ? criait Brigitte Lescuyer. Un fils infirme ou mort, voilà ce qui m'attend !

Les cris ne servaient à rien. Léopold continuait à utiliser du carbure. Je vendais le poisson braconné au restaurant Les Écrevisses. Personne ne me demandait comment je me débrouillais pour en pêcher autant.

Pour tuer le quart d'heure d'attente qui restait, je m'éloignai un peu des courts de tennis. Je me dirigeai vers le pont qui traversait l'Agon. J'apercevais encore la tache blanche du short de Léo posée sur un banc à côté de la tache verte du short du prof. Deux taches immobiles depuis plusieurs minutes. Jouer au tennis ne semblait guère les motiver.

Dès mes premiers pas sur la passerelle de fer, je compris mon erreur. Quelqu'un se tenait au milieu et barrait le passage. Je connaissais cette personne. Tout le monde à Sponge connaissait Mehdi. Une vingtaine d'années tout en muscles et une méchanceté crasse posée sur deux jambes. Mehdi, qu'on appelait « l'Arabe », traînait dans les rues en passant d'un bistrot à un autre. En hiver, il trouvait refuge dans les supermarchés où il pratiquait son jeu préféré : dévisager celle ou celui qu'il croisait jusqu'à ce qu'il baisse les yeux. La personne qui résistait avait droit à deux questions :

– Pourquoi tu me mates ? Tu veux ma photo, trouduc ?

« Trouduc » n'espérait rien d'autre que s'en aller au plus vite. La rumeur racontait que « l'Arabe » avait fait de la prison. Vol avec violence. Violence sans vol. Vrai ou faux, peu importait : les yeux de Mehdi crachaient leur envie de cogner.

– Tu veux ma photo, trouduc ? Pourquoi tu viens m'emmerder sur ma passerelle où je suis peinard ? Ici, c'est chez moi.

Il se tenait les jambes et les bras écartés, m'indiquant ainsi qu'il était hors de question que j'aille plus loin. Dans sa main droite, une boîte de bière. J'étais costaud, mais moins que lui. Beaucoup moins et « l'Arabe » était un professionnel de la bagarre. La trouille me mordait le ventre.

– Tu me files ton portable, ordonna Mehdi. Faut que j'appelle ma copine. Peut-être qu'après je te le rendrai.

– J'ai pas de portable.

– Menteur. T'es bien un enfoiré de Gaulois. Quand je t'aurai balancé à la flotte, tu changeras d'avis mais ça sera trop tard.

Il me prit le bras, le tordit afin de le plier derrière mon dos. Ça faisait un mal de chien. Son genou droit s'appuya contre mes reins, m'obligeant ainsi à me pencher au-dessus de la rambarde de la passerelle. Je voyais l'eau qui bouillonnait entre les rochers.

– Je m'en tape que t'aies pas de portable, moi de toute façon j'ai pas de copine, annonça Mehdi en ricanant. Par contre, j'adorerais rafraîchir ta tête de merdeux dans toute cette flotte. Ouais, ça me plairait un max.

Je ne pouvais plus bouger. « L'Arabe » ne voyait pas mes larmes, mais il entendait mes sanglots. Je ne savais pas nager. Il y avait des rochers. J'allais mourir.

– Tu chiales, cul blanc ? demanda Mehdi. J'adore.

Il accentua la pression de son genou, me tordit davantage le bras. Mon pied droit prit de l'élan et percuta la cheville de « l'Arabe ». J'étais chaussé de mes grosses godasses de jardin. Léo et moi irions braconner dans l'Agon et le bord de la rivière était pierreux. Un endroit à vipères.

– Qu'une vipère te tète un doigt de pied et t'es mort, plaisantait Léo, en affichant la mine de celui qui ne plaisante pas tant que ça.

Mehdi hurla. Me lâcha. J'avais entendu le craquement d'un os. Je ne perdis pas de temps à demander des explications. Je courus aussi vite que je pouvais.

Le soir, à la maison, je partageai notre pêche en deux. Les poissons les plus abîmés par le carbure seraient notre repas, je vendrais les autres.

– Formidable, fiston ! me félicita papa. On a de quoi manger deux jours. Heu... samedi, j'ai besoin de ton aide. J'ai des cartons à livrer au quartier des Anciennes Scieries, mais je ne peux pas grimper les étages en portant la camelote pendant que ma bagnole reste sans surveillance en bas.

La camelote, cette fois, était des cartouches de cigarettes de contrebande. Un camion venu d'Espagne en avait déposé un énorme stock dans notre garage. Papa les vendait à ses fidèles clients. Qui étaient-ils ? « Mon réseau, t'occupe, Romé », était la réponse habituelle.

Il fallait écailler les poissons avant de les congeler. Des tanches, des perches, des truites qui ne faisaient pas la maille, d'autres dont je ne connaissais même pas le nom, contrairement à Léopold. Le carbure tuait tout. L'explosion avait amoché les plus grosses pièces. On ne le remarquait pas trop si on se donnait la peine de les « rafistoler », comme disait papa. C'était lui qui rafistolait. Il était doué.

Nous étions assis dehors, près d'un robinet qui crachait son eau claire dans une énorme bassine.

– Cet aprèm, je me suis fait agresser par un type, au bord de l'Agon.

– Ah bon ? constata papa, presque avec indifférence.

Il se concentrait sur le ventre ouvert d'un brochet, calculant comment maquiller la plaie.

– Un mec que tu connais. Il voulait me piquer mon portable.

– Comme t'en as pas, il avait tout faux. J'espère que tu lui as flanqué une branlée à ce... ce branleur.

Il éclata de rire, s'en étrangla, jeta le brochet irréparable dans la bassine et me poussa l'épaule du plat de la main.

– Qui est ce voyou que je connais et que mon fiston a étripé ?

– Je ne l'ai pas étripé papa. J'avais la trouille. Mehdi est plus balèze que moi, il doit faire de la muscu et en plus il est méchant. Il voulait me pousser dans l'Agon, sur les rochers, mais j'ai réussi à me barrer.

Papa lança le poisson qu'il tenait dans la bassine. Il me fixa, en fronçant les yeux, comme s'il cherchait un sens à ce que je venais d'avouer.

– Mehdi ? L'Arabe ?

– Oui, Mehdi, quoi.

– P'tit pédé ! glapit mon père.

Sa bouche resta ouverte. Ses paupières clignotèrent. Je reconnaissais les marques de la colère. Je voulus faire le malin.

– Ouais, ben Mehdi c'est un grand pédé, pas un petit et il vaut mieux l'éviter. J'ai eu du pot.

Papa me prit le bras avec brutalité. Il le secoua jusqu'à ce que je lâche mon poisson. Sa voix s'assourdit.

– Le p'tit pédé dont je parlais, c'est toi, Romé, pas l'autre rastaquouère. Un Arabe, un enfoiré d'Arabe et tu déguerpis au lieu de te défendre ? Ça, c'est une attitude de p'tit pédé et je ne veux pas d'un fils pédé, tu m'entends, Romé ? Les bougnoules, les nègres, les Roumains, y en a plein nos rues, on est infestés et ils nous bouffent la vie, ils nous prennent tout, alors si tu veux survivre au milieu de ce cancer généralisé, faut pas tourner le dos, fils, faut te battre au contraire. Les rastaquouères, faut les remettre à la mer et après on sera juste entre nous.

Il me faisait mal. J'avais l'impression qu'il ne s'arrêterait jamais de parler. Je tirai mon bras en arrière afin de me délivrer.

– Je ne vois pas tant que ça d'Arabes, de nègres, de Roumains à Sponge. Il n'y en a presque pas. Ils nous prennent quoi ?

Papa soupira.

– C'est quand on ne les voit pas que le danger est le plus grand. De toute façon, tu ne vois rien parce que t'es qu'un gamin. À Sponge, des Mehdi y en a plus que tu crois qui volent, qui sèment l'insécurité, qui ne travaillent pas, mais bon, peu importe leur nombre, on ne vit pas sur une île déserte, alors on doit élever des digues partout. Fils, il faut que je surveille mieux ton éducation. À ton avis, pourquoi notre épicerie pique du nez, hein ?

– Le centre commercial ouvert à Dijon, tout près... les trois supermarchés de Sponge...

Papa m'interrompit :

– Tu as de la peau de saucisse devant les yeux, p'tit pédé. Les trois supermarchés de Sponge, OK en partie, mais c'est la propagande officielle. Ils existent depuis dix ans et je m'en tirais il y a dix ans, quand ta mère... bref, d'un coup, plouf, je bois le bouillon. Alors, donne-moi la raison de la dégringolade ?

Je n'en avais pas vraiment. Je m'en fichais un peu. Je retins quand même mon envie de dire à papa qu'il ne travaillait pas beaucoup, sinon dans sa maison, et qu'il ne cherchait pas non plus d'autres solutions que l'épicerie.

– Ah, tu vois, tu ne trouves pas ! triompha mon père. Moi, je sais. Mes mauvaises affaires commencent exactement au moment où l'épicerie tenue par un Arabe ouvre dans le quartier du Moulin. Ce salopard ouvre le dimanche, les jours fériés, la nuit, n'importe quand. Les autorités ne disent rien vu que ces gens-là ont tous les droits.

Il shoota dans une motte de terre et murmura entre ses dents, tout en regardant les poissons aux ventres ouverts qui flottaient dans la bassine.

– Tu crois qu'on peut accepter ça, p'tit pédé qui a la trouille d'un Arabe ? Les rastaquouères m'ont pris tout ce qui faisait ma vie et je n'ai pas l'intention qu'ils volent encore mon fils quand il sera un homme. Romé, à partir d'aujourd'hui, ton éducation va changer de braquet.

Le mât, dressé dans notre cour, existait depuis longtemps. Papa y accrochait le drapeau de la Bourgogne. Il m'avait expliqué ce qu'il représentait, mais ça ne m'intéressait pas. Je trouvais même ridicule ce chiffon qui pendouillait au sommet d'une perche. Les couleurs passaient. Le tissu se déchirait. Je m'habituais.

– Pourquoi Serge laisse ce drapeau tout moche devant chez vous ? demandait Juliette. Il est tellement abîmé qu'il ne flotte plus et n'empêche même pas les oiseaux de venir manger vos cerises.

Brigitte m'expliqua que mon père devenait nationaliste et chauvin. La Bourgogne par-ci, la Bourgogne par-là, les racines de la France du temps de la puissance bourguignonne, l'âme immortelle de notre pays et bla bla bla. Je ne comprenais pas trop en quoi vivre au Petit Clocher en 2014 me faisait l'héritier des ducs de Bourgogne. En plus, je m'en foutais. Léo, qui assistait à la conversation, ricana.

– Tu t'appelles comment, Roméo ?

– Napoléon.

– Je suis sérieux. Ton nom de famille, celui de ton père, ce ne serait pas Lopez ?

Pas de commentaire de ma part, évidemment. Juliette, qui lisait dans son coin, réalisa avant moi où son frère voulait en venir. Elle me donna l'explication, sans lever la tête de son roman.

– Ta mamie Costancia a quitté l'Espagne parce que ni son mari ni elle n'avaient de travail. Elle m'a dit qu'ils crevaient de faim en Andalousie.

Brigitte Lescuyer souriait. Pas un vrai sourire. Elle semblait penser à des événements lointains, plutôt tristes, mais presque oubliés.

– Tout ça, les enfants, appartient au passé. Allez plutôt jouer dehors, il fait beau.

– Jouer... jouer... Je n'ai pas quatre ans, se rebiffa Léopold. Roméo, tu vois le tableau : ton père bourguignon jusqu'au trognon avec son drapeau à la con dans son jardin.

– Léo, ça suffit ce langage ! rugit Brigitte, mais Léo n'en tint pas compte.

– Ouais... ouais... N'empêche que Serge est le fils d'émigrés espagnols, pas de Charles le Téméraire.

Qui était Charles le Téméraire ?

– Il ferait mieux d'être fier de l'Espagne et de ses parents qui en ont chié pour lui.

– Bon, maintenant, Léo, la coupe est pleine ! Je n'en peux plus de ton langage ordurier ! Dehors !

Léopold sortit. Juliette m'invita à la suivre dans sa chambre. J'utiliserais son ordinateur pendant qu'elle terminerait *Le Journal d'Anne Frank*. Je choisis de suivre son frère.

Quelques jours après ma rencontre avec Mehdi, le mât joua un nouveau rôle. C'était un dimanche, pourtant papa me réveilla à sept heures. La veille, il avait retiré l'emblème de la Bourgogne.

– Super ! s'exclama Juliette.

Elle était venue à la maison.

– Maman est contente de ne plus entendre ce truc claquer au vent la nuit. Il l'empêchait de dormir. Faut pas enlever le mât, on s'amusera à grimper en haut, Roméo et moi.

Mon père grogna :

– Sûrement pas. Vous vous prenez pour des singes ?

Le dimanche, j'obtins l'explication de sa mauvaise humeur.

– Papa, je dors, c'est dimanche.

– Tu te ramollis, mon garçon, en traînant au lit. J'ai décidé de prendre pour nous deux un autre chemin que la mollesse. Debout et viens dehors.

Il y avait déjà du soleil. J'étais en pyjama. Mon père était habillé : un pantalon de toile bleu et une chemisette bleue. Il se dirigea vers le mât. Au pied, il y avait un sac.

– Fiston, on fera ça trois fois par semaine.

Il sortit du sac un drapeau qu'il déplia. Bleu, blanc, rouge.

– Le drapeau de la France, Romé. On lèvera les couleurs plusieurs fois par semaine. Le drapeau flottera là-haut de façon que ceux qui passent sur la route…

Il ne termina pas sa phrase et hissa le drapeau en haut du mât. Je n'avais pas du tout envie de rire, tétanisé par l'impression d'être un imbécile et justement, si quelqu'un passait sur la route et me voyait en pyjama… Les lèvres pincées de mon père et son regard fiévreux m'annonçaient qu'il valait mieux la fermer.

À partir de ce jour-là, il hissa régulièrement le drapeau bleu blanc rouge devant notre maison, mais il ne me réveilla plus afin de m'obliger à être le témoin de cet étrange spectacle. Juju fit un commentaire brutal :

– Je vous ai vus ce matin avec votre drapeau et j'ai bien rigolé. On se croirait chez les scouts, mais vous êtes… heu… un peu vieux non, pour ce genre de pièce de théâtre ?

Papa grogna :

– Rigole, ma fille, si tu en as envie, et s'en tint là.

En revanche, il se mit en colère quand Brigitte Lescuyer donna son avis :

– Serge, franchement, à quoi ça rime ce drapeau ? Vous vous croyez dans une caserne ? Il ne manque plus que le clairon pour…

– Et vous, à quoi ça rime d'aller à l'église prier devant une statue en plâtre ? Brigitte, réfléchissez bien à ce qui est le plus idiot ou, si vous préférez, à ce qui a le plus de sens ? La France existe bel et bien, quant à la Vierge Marie, hein… ?

Plus tard, papa baptisa notre maison. Il posa un panneau de bois, près du mât et écrivit le nom à la peinture blanche : *Petite France*. J'étais alors en classe de quatrième. Léopold était au lycée, à Dijon. Je le voyais moins souvent. Un jour, il désigna le drapeau et l'écriteau et me dit :

– Petite France… Petite France… Fais gaffe, Roméo, que cette petite France ne soit pas habitée par de petits Français.

Il cracha par terre et ajouta :

– De tout petits Français.

En quatrième, je n'étais plus avec Juliette. Elle, la tête de classe, était en 4^e^1 et moi, le dernier du peloton, j'atterrissais en 4^e^6. Mauvaises notes, mauvaise conduite, mauvais en tout, même en sport.

– Tu ferais un formidable basketteur, affirmait Théo Leprince, le prof de gym. Tu serais probablement un bon handballeur, un bon judoka, un bon athlète, un bon… Tu pourrais être excellent dans de nombreux sports si tu manifestais un peu de bonne volonté.

Je répondis que le sport ne servait à rien. Le prof ironisa :

– Ah bon ? Je ne sers à rien ?

Comme il semblait se moquer de mon opinion, j'assénai l'argument que j'entendais à la maison :

– À la télé, on voit bien qu'il n'y a que des Arabes et des Noirs dans le sport.

« Même ces places-là, ils nous les volent, déclarait papa. Comme ils ne sont bons à rien, on leur réserve ces planques qui rapportent gros. »

Je répétais ça à Juliette. Elle me répondait un peu de la même façon que le prof de gym.

– Essaie de courir un cent mètres en moins de onze secondes, après on reparle des places réservées.

Théo Leprince, lui, me dit :

– Que des Arabes et des Noirs dans le sport, Roméo ? Beaucoup, oui, et si tu veux, on en discute. On peut aussi se demander pourquoi il y a autant de crétins rassemblés parfois dans un groupe, par exemple une classe… Bon, je me tais sinon j'aurai des ennuis.

Ma réputation au collège commença en quatrième. En français, la prof plaça un nouvel élève à côté de moi.

– Abdel, tu t'assieds là, près de Roméo.

Abdel m'adressa un clin d'œil et me sortit une vanne qui me hérissa.

– J'adore ta coupe de cheveux. Si je touche, ça me portera bonheur ?

Le soir, je racontai à papa. Il y avait un nouvel élève à côté de moi. Un bosseur. Il se tenait peinard en cours. Il prenais des notes. Il répondait en anglais, en maths, en tout. Il m'énervait.

– Un Arabe ? s'étrangla mon père. Je t'avais mis à Jeanne-d'Arc pour éviter ça, et voilà que c'est reparti. Un fouteur de merde en perspective.

Il ricana, ajouta :

– T'imagines, Romé, s'il trimballait une bombe ou une kalachnikov dans son sac de classe ?

On rit. Puis papa s'énerva.

– Romé, ne rigolons pas avec des histoires de bombe, surtout quand tu es dans les environs. Mais avec eux, autant se méfier.

Le lendemain, en cours d'histoire-géographie, Abdel s'installa à côté de moi. À la fin, sans attendre que la classe se vide, j'abordai la prof :

– Mon père ne veut pas que je sois assis à côté d'un Arabe. Moi c'est pareil. Il peut venir vous voir si vous voulez.

– Qu'est-ce que tu me dis là, Roméo ? blêmit la prof.

J'hésitai un peu, mais les paroles de papa me revinrent en tête : « Ce sera l'occasion de prouver que tu n'es pas un p'tit pédé, mon fils. »

– Je refuse d'être à côté d'un Arabe… un bougnoule, quoi.

Le lendemain et jusqu'à la fin de l'année, je fus seul à une table, au fond de la classe. Les profs ne m'adressèrent presque plus la parole. Ça me convenait.

Abdel termina l'année premier de la classe. Haut la main. Juliette avait son opinion.

– Il est beau mec, Abdel. S'il veut sortir avec moi, je dis oui.

Elle m'adressa un sourire aussi hypocrite que celui de Tom le chat câlinant Jerry la souris.

– Pas de soucis, il est plus beau que toi mais il ne sera jamais mon Roméo.

Mamie Costancia venait de moins en moins souvent chez nous et je n'allais plus en vacances chez elle. L'année de ma classe de quatrième, elle ne passa qu'un week-end avec nous. Un week-end de disputes avec son fils.

– La Petite France, le drapeau, les sottises que tu racontes à tout bout de champ, est-ce que tu te rends compte, Serge, du mal que tu fais à Roméo ?

Je les entendais s'engueuler depuis ma chambre. Les portes claquaient. Costancia sortait dans la cour, marchait dans le jardin ou même s'éloignait sur la route. Elle revenait. Les disputes reprenaient.

– Brigitte Lescuyer n'aime guère tes discours, déclara mamie. Je lui ai parlé et elle dit que tu exagères.

– Ouais, les bonnes femmes entre elles, on sait ce que ça donne ! gronda mon père.

Mamie pleurait beaucoup. Elle essayait de le cacher, mais les larmes laissaient des traces sur les joues ridées. Parfois, elle me prenait le bras, m'attirait entre ses jambes – je détestais ça – et prononçait des phrases incomplètes et étranges.

– Tu es grand, maintenant, Roméo, alors… Ton père est malheureux depuis… Il ne parvient pas à oublier… Il m'inquiète quand je le vois… N'écoute pas tout ce qu'il te dit…

Ce conseil me semblait énorme : mamie me proposait de ne pas obéir à mon père… à son fils ?

Ils parlaient aussi de l'épicerie. Un sujet de satisfaction pour Costancia.

– Tes affaires ont l'air de marcher, malgré la concurrence des grandes surfaces. Tant mieux, ce sera un souci de moins si ça continue.

Je n'expliquais pas à ma grand-mère pourquoi « les affaires marchaient ». Je ne lui racontais pas nos livraisons du samedi et du dimanche, avec le 4x4 de papa au coffre bourré, parfois dans des villages éloignés et même à Dijon.

– Des marchandises, disait mon père. Je me débrouille pour les avoir à bas prix, voilà pourquoi j'ai des clients. C'est pas le gouvernement qui nous aidera, hein ? Pour nous piquer le pognon de nos impôts et le refiler aux rastaquouères, ils sont champions, mais pour aider les vrais Français on peut toujours courir, donc je me démerde tout seul, point barre.

Mamie demanda qui étaient « les types louches » qui venaient chez nous, d'après les confidences de Brigitte Lescuyer.

– Je lui demande, moi, qui vient chez elle ? s'insurgea papa. Brigitte ne travaille pas, elle s'ennuie, alors elle me surveille et piapiate dans mon dos.

Brigitte Lescuyer exagérait un peu. Mon père rencontrait plus souvent « les types louches » à l'épicerie que chez nous depuis que Juliette avait fait une récit troublant.

– Serge, vous connaissez bien l'homme qui vient ici dans une Clio jaune ?

– Pourquoi ? Il te plaît ? dit papa en riant. Il est beau gosse, hein ? N'oublie pas, Juju, que tu es promise à mon fils.

– C'est ça, oui, répliqua Juliette, son regard glacial fusillant mon père. Il est tellement beau gosse qu'il m'a proposé de monter dans sa bagnole et de l'accompagner pour une petite balade en forêt.

Papa ne fit aucun commentaire mais la Clio jaune ne réapparut jamais au Petit Clocher.

– Mon fils, tu dois t'endurcir, déclara mon père. Dans ce monde, ou tu es le plus fort ou on t'écrase. Mon conseil est valable dans tous les domaines et toi, tu as la chance d'avoir pas mal d'atouts dans le domaine du physique.

Pour m'endurcir dans « le domaine du physique, mon meilleur atout », il décida de me donner des leçons de boxe. Un sport qu'il pratiquait quand il était jeune. Il installa un sac de frappe au garage et exigea que je cogne dedans au moins un quart d'heure par jour.

– À quoi sert ce machin en cuir qui pendouille dans votre garage ? demanda naïvement Juliette.

J'expliquai et fis une démonstration.

– Alors, plus tard, tu veux devenir boxeur ?

Les mots ricanaient dans sa bouche, mais ses yeux débordaient de mépris.

– Ben non. Papa dit que grâce à la boxe plus aucun Mehdi ne me fera chier au milieu d'un pont.

– « Ne me fera chier », répéta Juju, d'une voix acidulée. Pourquoi tu deviens idiot, Roméo ?

Elle tourna les talons sans attendre que je me défende.

Deux jours plus tard, mon père jugea que taper dans un sac n'était pas suffisant.

– Romé, je n'étais pas mauvais quand je pratiquais la boxe. Je vais t'apprendre ce que j'ai appris.

Au début, j'acceptai ses conseils et ses coups. Papa était mince, presque maigre, mais c'était un nerveux. Il frappait sans trop de précision. Sans trop de retenue non plus. Il s'excitait au fil des leçons.

– Je retrouve mes quinze ans ! Si j'avais continué, j'aurais peut-être pu faire carrière sur un ring.

Je le laissais triompher. Je ratais mes coups. Malgré le casque et les protections, frapper mon père me semblait impossible. Lui ne ratait pas souvent et parfois, il faisait mal.

– Prends note, p'tit pédé, comment on doit frapper pour se débarrasser d'un agresseur.

Après une dizaine de leçons, j'en eus assez de ses conseils et de ses coups mal maîtrisés. Je décidai de dévoiler mes progrès le jour ou papa se montra encore plus prétentieux que d'habitude.

– Aujourd'hui, je ne mets pas mes protections. Pas besoin, fiston, tu ne fais pas le poids contre moi.

Frapper mon père me parut moins insurmontable. C'était assez facile : j'étais plus grand, plus musclé. Plus fort. Mon poing lui écrasa le nez. Du sang coula.

– Putain, Romé ! s'exclama papa, incrédule.

Les leçons s'arrêtèrent là.

– Qu'est-ce qui est arrivé au nez de ton père ? me demanda Brigitte Lescuyer.

J'empruntai la réponse que papa avait donnée à Juliette.

– La branche d'un arbre qu'il voulait couper lui est revenue en pleine figure.

Léopold avait des doutes. Il m'observa d'un air narquois et commenta :

– Dommage que ce soit un stupide accident d'élagage. J'aurais préféré un stupide accident de boxe.

La fin de la classe de quatrième approchait. Comme d'habitude, je devais attendre le verdict du conseil de classe. Juliette, évidemment, fonçait en troisième, en tirant sa classe derrière elle. Elle songeait déjà aux enfants qu'elle soignerait et guérirait. Mon sort fut délivré par le délégué de classe qui avait surpris une conversation de profs dans un couloir. « À quoi ça servirait de faire redoubler Roméo ? Il ne fiche rien, ce qui ne préoccupe apparemment pas sa famille. Roméo donne le mauvais exemple. Autant le garder au collège le moins longtemps possible. »

Brigitte Lescuyer proposa à mon père de m'emmener en vacances, avec Juliette et Léopold.

– En Bretagne. Deux semaines dans une maison proche de la mer. Ils seront bien là-bas.

– Vous avez les moyens ! s'exclama mon père, après un sifflement d'admiration jalouse.

Il espérait que Brigitte lui avouerait d'où venait son argent, mais elle se contenta de marmonner : « Pas tant que ça. »

Papa hésitait. Être seul durant quinze jours ne l'emballait pas beaucoup. Aller en vacances chez mamie Costancia à Dijon ne m'emballait pas du tout. Je rêvais de la Californie, là où vivaient mes grands-parents maternels que je ne voyais jamais. Et qui ne m'invitaient jamais. Et qui m'inviteraient encore moins, maintenant que maman était morte.

– Serge, dites oui pour moi, supplia Juliette. Je m'ennuie toute seule au bord de la mer. Si vous refusez, je ne viens plus discuter avec vous.

Elle tourna autour de mon père comme une abeille énervée tourne autour d'une fleur.

– Je te vois venir, ma belle, avec mon Romé sur une plage. Des amours de vacances, hein ? Vous êtes un peu jeunes, non ? Je suis d'accord à la condition que Brigitte vous surveille de près.

Il riait trop fort. En fait, il était content qu'à quatorze ans j'aie déjà une petite amie.

Les vacances bretonnes étaient en août.

– Tu gagneras ton argent de poche en travaillant avec moi en juillet, décréta papa. Il y a toujours un peu de bourre en juillet, mes clients prennent leurs précautions et font des réserves avant le grand désert d'août.

Il réfléchit, se tâta le nez et éclata d'un rire un peu cabossé.

– Je n'ai pas envie qu'un grand costaud comme toi glande à droite et à gauche tout l'été. J'ai un ami qui habite à une quinzaine de bornes de Sponge, il a des jumeaux d'à peu près ton âge… heu, un peu plus… tu feras leur connaissance, comme ça tu seras occupé avec des garçons d'une bonne famille.

DEUXIÈME RÉCIT DE JULIETTE

Ce serait notre dernier été de vacances en Bretagne, ensemble. L'été d'avant l'âge adulte, promettait maman. La remarque faisait ricaner Léopold qui avait dix-huit ans.

– Reste enfant, Juju, je te jure que c'est mieux.

Je ne comprenais pas pourquoi il disait ça. Il venait de réussir son bac. Moi qui entrais en classe de seconde, en septembre, je piaffais d'impatience de passer enfin ce diplôme. « Un des permis de conduire de la vie », déclarait maman. Mon frère irait en fac à Dijon. En plus, il aurait sa première voiture qui lui donnerait une complète indépendance. En tout cas, il nous prévint :

– La Bretagne avec vous deux et Roméo, basta. Ce sera la dernière fois. La plage, la mer glaciale, les moules, Saint-Malo, le Mont-Saint-Michel, bon ça suffit.

En septembre, je serais en seconde au lycée Carnot à Dijon, mais Roméo irait dans un autre lycée.

– Pour préparer quoi ? demanda maman.

Roméo donnait une réponse vague et surtout pas celle qu'il me livrait quand on évoquait la rentrée.

– Je ne sais pas. Un diplôme de n'importe quoi si je peux. Après, je chercherai un boulot, n'importe lequel.

Ma mère fronçait les sourcils.

– C'est-à-dire, Roméo ?

Il rigolait. Annonçait :

– Facteur ou instituteur ou apiculteur. Un métier en eur, j'aime bien. Tiens, pourquoi pas voleur, comme les Roms.

La discussion s'arrêtait là, car maman disait :

– Je déteste ce genre de plaisanterie.

Roméo ne plaisantait pas avec moi.

– J'attends mes seize ans et bye-bye l'école. Je ne passerai aucun diplôme, ni le bac ni autre chose. Les diplômes, c'est bon pour les intellos comme toi. De toute façon, les profs m'ont foutu dans un truc qui ne mène nulle part, mais je m'en tape. Ciao le lycée dès que je peux.

Il ne précisait pas dans quel « truc » les profs l'avaient foutu et Serge ne me le disait pas davantage.

– Romé ? Je ne sais pas trop au juste ce qu'il fera, la boulangerie, la mécanique ou autre chose, mais quelle importance ? L'école ne sert à rien, alors pas la peine d'y perdre trop de temps.

Un jour de début juillet, avant notre départ pour la Bretagne, Serge Lopez me considéra avec sévérité. Roméo n'était pas avec nous, assis sous le cerisier planté à l'arrière de la Petite France.

– Juju, tu as décidé de devenir médecin, bravo. Mais je ne te dis pas bravo quand je t'entends raconter que tu soigneras des gosses en Afrique, en Asie, je ne sais plus encore dans quelle autre région perdue. Tu ne penses pas que soigner nos enfants, ici en France, serait préférable ?

– Je le ferai aussi, plus tard, quand je reviendrai.

Que repondre d'autre tellement l'évidence crevait les yeux. Un enfant était un enfant, n'importe où. Il existait des pays où les enfants souffraient plus qu'en France.

Serge me tendit une poignée de cerises d'un rouge appétissant. Il cracha un noyau et me fixa d'un regard morne.

– Dommage, Juliette. Toi, tu deviens médecin, Romé… on verra, en tout cas il sera à des années-lumière de ton métier, surtout si tu vis en Afrique. Votre histoire à vous deux n'ira pas loin. Dommage, oui vraiment dommage, Roméo et Juliette ça sonnait bien. Finalement, vous serez une fois de plus la démonstration que les mots des livres sont de l'escroquerie.

Je détestais ce qu'il me disait. Un frisson me parcourut comme si mon corps sentait que Serge Lopez se montrait plus lucide que moi.

Notre maison à Ploumanach se cachait derrière une haie épaisse, à moins de trois cents mètres de la mer et des rochers roses qui bordaient la côte. Trois petites chambres derrière des volets bleus, un joli salon jaune et une cuisine toute blanche. Une tonnelle protégeait nos repas, les jours de grand soleil. On pouvait se faire bronzer à l'abri des regards en se couchant sur un gazon défraîchi, devant la maison.

– C'est toi qui pieutes sur le canapé du salon, Roméo, annonça Léo dès notre arrivée.

– Ouais, d'accord, répondit Roméo, sans protester.

Léopold avait hérité du canapé l'année précédente. Il était entendu que ni maman ni moi ne dormirions sur le canapé. Roméo était de mauvaise humeur. Venir en Bretagne, cet été-là, ne l'enthousiasmait pas. Depuis deux ans, il fréquentait de plus en plus les jumeaux et il n'avait pas envie de les laisser tomber en partant si longtemps à Ploumanach. Il n'avait pas osé refuser. On disait presque toujours « les jumeaux... un des jumeaux... » au lieu d'utiliser leur prénom, Antoine et Luc. Ma mère ne les aimait pas. Elle les appelait « les voyous ». Quand je protestais, avec beaucoup de mauvaise foi – « Pourquoi tu dis ça ? » – elle me rétorquait, avec autant de mauvaise foi :

– Mon petit doigt m'avertit que ces deux-là sont de la graine de voyous.

Je détestais aussi ces garçons. Ils me prenaient Roméo. De plus en plus. Ils s'exprimaient avec grossièreté, surtout si on les écoutait, persuadés qu'on admirait leur langage. Ils venaient chez Roméo et je les entendais, depuis notre jardin. Un après-midi, ils arrivèrent en scooter et braillèrent, exprès, parce qu'ils m'avaient vue.

– On t'emmène pour une virée, Roméo !

– Putain, pourquoi tu ne veux pas venir ? On se fait un ciné gratos à Dijon, je connais une embrouille pour entrer sans payer, dit Antoine.

Roméo répondit. Je ne l'entendis pas. Il parlait moins fort. Je me doutais qu'il était question de moi. Nous devions aller à la piscine.

– Tu nous casses les couilles avec ta meuf ! cria Luc. Tu habites en face, vingt-quatre heures sur vingt-quatre, ça ne te suffit pas ?

– En plus, pour ce que tu en fais, ricana Antoine. Une belle blonde dans les parages et monsieur reste puceau. Faut être con.

Roméo partit avec eux au cinéma. Il choisissait presque toujours les jumeaux. Quand je le remarquais, il riait et s'en sortait par une pirouette.

– C'est à cause de leur scoot. Quant tu en auras un, je te suivrai partout et ils iront se faire voir.

Roméo était attiré par les garçons plus âgés. Léopold. Les jumeaux avaient trois ans de plus que lui. Il aimait aller avec eux en « virée », comme ils disaient. Roméo ne me racontait presque rien, mais quand il revenait d'une « virée », ses yeux brillaient d'excitation. Je demandais à Serge ce que faisaient les jumeaux, à part se balader en scooter.

– Pas de lycée inutile pour eux. Ils ont la chance de travailler avec leurs parents.

– À quoi ?

– La famille Dujardin dirige une petite entreprise de cartonnage. Elle ne s'en sort pas trop mal.

Serge grimaçait et corrigeait aussitôt son optimisme :

– Pour le moment. Espérons que ces salopards de bridés ne leur boufferont pas la laine sur le dos, un jour prochain.

– Les bridés ?

– Les chinetoques. Eux ou d'autres, c'est kif-kif. Les Dujardin ne se laisseront pas faire. Heureusement qu'il existe des Français comme eux qui s'organisent et se défendent. Romé et moi on soutient à fond ce combat.

Je n'en appris pas davantage ce jour-là. Je ne tenais pas à en savoir davantage sur le « combat » que soutenait notre voisin. Maman m'avait mise en garde.

– Je t'ai dit à plusieurs reprises que les jumeaux sont des voyous, eh bien, il semble que j'aie raison. Beaucoup d'habitants de Sponge commencent à connaître ces deux idiots qui font les malins sur leur scooter. Ils fascinent Roméo. Dis-lui ma Juliette de se méfier de leurs fréquentations et de leur conduite. En tout cas, ma chérie, éloigne-toi le plus possible de ces crétins.

Je n'avais guère d'effort à fournir pour m'éloigner d'eux quand les scooters rouges déboulaient sur la route : c'était Roméo qui s'éloignait de moi en grimpant à l'arrière d'un des engins qui l'emmenait en « virée ». Les jumeaux m'appelaient « la belle blonde » ou « la copine de Roméo », plus rarement Juliette. Ils détestaient Léopold qui était le seul à pouvoir attirer Roméo. Ils étaient furax quand il préférait sa compagnie à la leur.

La maison de Ploumanach appartenait à mes grands-parents maternels. Ils étaient riches, racontait maman, des larmes plein les yeux. Elle songeait à l'horrible accident d'avion qui avait provoqué leur mort. J'avais deux ans. Grand-père pilotait son Vampire 250. L'avion avait décollé sous le soleil, mais le brouillard était tombé sur la montagne suisse que mes grands-parents survolaient. Un sommet trop haut, une visibilité insuffisante. J'adorais la maison de Ploumanach. On aurait dit un décor de poupée. Tout était petit, coloré, chaleureux.

Je me doutais bien que ça se produirait un jour ou l'autre. Mais pourquoi cet été-là, l'été de nos quinze ans ? Parce que Roméo pressentait que tant de choses changeraient à partir de septembre ? Parce que Léopold nous laissait tomber à peu près tous les jours ? Il quittait la maison à peine le déjeuner de midi avalé. Le plus souvent, il ne réapparaissait que le soir, pour le repas, et il lui arrivait même de ne rentrer que pour dormir. Si maman protestait, il ripostait en exagérant au point de donner des arguments ridicules.

– Tu veux que je fasse quoi avec ces deux gosses ? L'époque de la baby-sitter est terminée : ils ont quinze ans, moi dix-huit. Je leur lis des contes de fées ? Je les emmène marcher sur la plage en chantant « un kilomètre à pied, ça use, ça use… » ?

Roméo était déçu. Il comptait beaucoup sur Léopold. Moi, je n'étais pas surprise. Mon frère ne me servait jamais à grand-chose durant nos vacances bretonnes. Il détestait la plage. Il détestait le soleil, la pluie, les balades en voiture, les restaurants, la mer. Du moins, c'est ce qu'il nous répétait en haussant les épaules.

– On vient à Ploumanach en été depuis trois siècles. J'en ai marre des rochers roses. J'en ai marre de la plage. J'ai l'impression de reconnaître chaque grain de sable.

La déception de Roméo était liée à ses souvenirs. La première année, Léopold l'entraînait dans ses sorties. Quand les deux garçons revenaient à la maison, ils nous regardaient, maman et moi, avec une sorte de dédain ironique. Mon frère en faisait des tonnes :

– Alors, les filles, vous êtes restées en maillot de bain allongées sur le sable comme des méduses rejetées par la mer ? Quatre heures de suite ? Vous êtes proches du record de France, non ?

Cet été-là, si Léopold oubliait Roméo, il ne sortait pas seul pour autant. Il s'était fait des amis à Ploumanach. Des habitués, comme nous, qui possédaient une maison ou venaient toujours dans le même hôtel. Nous étions en vacances depuis trois jours. Brigitte et Roméo étaient partis en mer, sur un chalutier transformé en bateau pour touristes. Je n'avais pas voulu les accompagner. La houle me donnait la nausée. Je me promenais entre les rochers roses, dont je ne me lassais pas, moi, contrairement à mon frère. J'étais presque seule. Il était encore tôt. Le ciel était gris. L'air était tonique. Pourtant, je poursuivais ma balade en songeant au lycée qui m'attendait. La rentrée était encore loin. Trop loin. Un mois avant de reprendre ces études qui me passionnaient. J'étais excitée. Je prendrais le train matin et soir, avec Roméo. La classe de seconde m'apparaissait comme la première marche de l'escalier à gravir afin d'atteindre les études en fac de médecine. Devenir médecin. Le docteur Juliette Lescuyer.

J'avais envie de faire pipi. Trois rochers, en arrière du chemin, me semblaient l'endroit idéal. En approchant, à ma grande déception, j'entendis parler. Des voix assez fortes, qui cherchaient pourtant à s'étouffer. Quelqu'un dit : « Braille pas comme ça, tu n'es pas au stade. » La voix de mon frère. Au lieu de m'avancer, je me cachai derrière un petit rocher. Pourquoi je faisais ça ? Pourquoi mon cœur battait-il aussi vite ? Pourquoi j'espionnais Léopold ? Pourquoi je n'avais même plus envie de faire pipi alors que je ne tenais plus trente secondes plus tôt ? Soudain, je vis Léo et son ami quitter leur abri. Ils ne se disputaient plus. Ils se taisaient et marchaient blottis l'un contre l'autre. Je compris aussitôt pourquoi mon frère nous abandonnait pour des sorties avec ses « copains ». Un doute subsistait pourtant : je n'avais rien vu de précis. Je sortis à mon tour de ma cachette. Je les regardais s'éloigner. Deux dos.

Le garçon avait des cheveux noirs, coupés très court. Malgré la fraîcheur, il ne portait qu'un bermuda et un T-shirt.

– Léo !

Ce n'était pas un cri. À peine un appel, assez faible pour qu'il n'atteigne pas mon frère, ce que je souhaitais sans doute inconsciemment. Il m'entendit quand même, se retourna, me vit et poursuivit son chemin en accélérant le pas.

Le soir, Léopold ne me parla de rien et je me tus aussi.

Deux jours plus tard, alors qu'un soleil méditerranéen brûlait Ploumanach, Roméo et moi étions seuls à la maison. C'était un jeudi après-midi. Je revenais de la plage, bien décidée à convaincre Roméo de m'accompagner dans une balade en vélo. Brigitte était à Saint-Malo.

– Encore ! s'exclama Léopold, pendant le petit déjeuner. Les remparts de Saint-Malo, je vous préviens que ce sera sans moi.

– Vous m'accompagnez, les petits loups ? demanda maman, en regardant surtout Roméo.

Je lus dans ses yeux qu'elle n'y tenait pas tant que ça. Traîner deux ados ronchonneurs dans les rues de la ville était usant.

– J'ai envie de nager, maman. Après la baignade, on ira en bécane jusqu'à Paimpol.

– Soixante bornes aller-retour ! protesta Roméo. Non, mais ça va pas la tête ? Pourquoi pas le tour de la Bretagne pendant que tu y es !

Je rentrais de la plage vêtue de mon seul deux-pièces. Un maillot de bain jaune. Je n'aimais guère cette couleur, mais le maillot était un cadeau de maman qui assurait : « Le jaune te va bien, ma chérie. » Léopold, lui, ricanait :

– Tu ressembles à un tournesol poussé trop vite à cause des engrais.

J'entrai dans la maison et je remarquai que la télévision ne fonctionnait pas. Pourtant, Roméo avait refusé d'aller se baigner sous prétexte d'une course cycliste. « Une super étape de montagne qui me fatiguera autant que ton étape à Paimpol ! »

– Roméo ?

Pas de réponse. Il était dans les parages, puisque son jean et son T-shirt traînaient sur le canapé. Il était par là, en maillot de bain, et il ne répondait pas à mon appel. Il se planquait pour ne pas aller à Paimpol ? Je ressortis, contournai la maison. À l'arrière subsistait une portion de pelouse posée à l'abri des regards, au pied d'une haie épaisse doublée d'un rempart de canisses. Une sorte de refuge, qui datait de mes grands-parents et où nous allions rarement.

– Tu es là, Roméo ?

Question ridicule ou constat étonné puisqu'il était allongé sur sa serviette de plage.

– Non, je suis à Saint-Malo, répondit Roméo.

Il tapota l'autre serviette placée près de lui. Roméo se faisait bronzer et m'attendait, deux surprenantes découvertes. En tout cas, son geste m'indiquait clairement que ce n'était pas la peine d'envisager Paimpol à bicyclette. Il portait son affreux maillot de bain noir qui soulignait le blanc étonnant de sa peau. Mais le maillot montrait aussi son impressionnante musculature. Je m'allongeai et dis :

– Tu es un super beau mec, tout nu. Sous un T-shirt, on ne dirait pas que tu es aussi balèze.

Il ferma les yeux, comme si la lumière l'aveuglait.

– Le sport, Juju. Je m'entraîne avec les jumeaux. Ils ont des appareils de muscu dans leur sous-sol. Tu devrais t'y mettre.

Le rappel de l'existence des jumeaux me déplut.

– Je déteste le sport. La muscu ? Toi qui disais que le sport ne servait à rien, que…

Il me coupa.

– Ça n'a rien à voir avec la gym du collège. Évidemment, toi tu préfères les bouquins, tu préfères le bahut, tu préfères les intellos.

Il se tut, se souleva et s'appuya sur son coude droit. Son regard me parcourut de la tête aux pieds, avec insistance, comme s'il me voyait en maillot de bain pour la première fois. Ses sourcils se froncèrent, voilant de leur ombre le vert liquide de ses yeux.

– Tu préfères tout ce que je n'aime pas, ajouta Roméo. Même physiquement on n'a rien en commun. Je suis « balèze » comme tu dis, c'est quoi… balèze… c'est rien… toi, tu es très belle, et encore plus belle quand tu n'as que ce maillot jaune. On dirait… on dirait…

Il semblait plus triste qu'heureux de me faire ces compliments. Il en cherchait d'autres et, comme je risquais de rougir s'il insistait, je pris les devants :

– On dirait une fleur de tournesol poussée trop vite à coups d'engrais ?

La remarque ironique de Léo ne produisit pas l'effet prévu.

– Ouais, c'est exactement ça ! Vous êtes forts, les intellos, pour trouver les bons mots, c'est pas comme moi. Tu es une superbe fleur de tournesol et celui qui te cueillera aura vachement du bol.

Eh là, il était en train de me dire quoi, avec sa cueillette ? Je mis mes bras en croix et tirai sur mes épaules.

– Me cueillir ? Tu me dis quoi, là, Roméo ?

– Rien.

Il se laissa retomber sur son drap de bain. Nous étions silencieux. Je ne pensais plus au vélo. De toute façon, il était trop tard. Je me contentais de ce « rien », jeté comme un os à un chien, plutôt que de m'égarer vers une discussion au sujet de « celui qui aura du bol de me cueillir ». Le silence s'éternisait. J'effleurai sa cuisse de ma main gauche.

– Tu dors ? Tu t'ennuies ici, avec nous ?

Roméo se retourna brutalement, comme si son drap de bain devenait une plaque électrique. Il se coucha sur le ventre, s'appuya sur les coudes, mais avant il arracha une poignée d'herbe qu'il jeta sur mes épaules.

– Tu crois, Juju, à cette histoire de Roméo et Juliette ?

Je m'appuyai à mon tour sur les coudes.

– Quelle histoire ?

Il soupira, semblant soudain exaspéré.

– Oh, tu sais bien, quoi ! Ce truc écrit par un anglais, William Machin.

– Shakespeare.

– Ouais. Alors ?

– C'est une belle histoire.

– Tu trouves ? À la fin, ils meurent tous les deux.

Sa voix se teintait d'intonations rageuses.

– Ce n'est qu'une histoire de papier. Shakespeare écrit cette fin-là parce qu'il ne peut pas en exister d'autres. Tu voudrais quoi ? Roméo et Juliette se marient, ont beaucoup d'enfants, gagnent au loto, sont en photo dans les journaux, passent à la télé…

– Marre, Juju, moi je ne déconne pas. Nous, on mourra si on s'aime malgré tout ?

Je n'avais pas envie de rire. Roméo parlait sans me regarder. Il avait cueilli une nouvelle touffe d'herbe et c'est elle qu'il regardait. Il fallait que je dise quelque chose.

– Nous ne sommes pas dans une histoire de papier et pas au seizième siècle non plus.

– On mourra quand même, annonça Roméo d'une voix tendue. Pas d'une vraie mort, mais on sera aussi loin l'un de l'autre que si on était morts.

Par un saut de puce, je m'approchai de lui. Je sentais la chaleur de sa peau contre la mienne.

– Pourquoi tu dis des trucs aussi affreux, Romé ?

Romé m'avait échappé. Il se fâcha.

– Putain, pas Romé ! Romé, c'est mon père ! Je déteste ce prénom trognon.

Il inspira et expira à fond. Puis :

– Plus tard, nous, ce sera pareil que ces deux crétins de Roméo et Juliette dans le bouquin de Shakespeare. Tu seras médecin au fin fond de l'Afrique et moi… moi je serai un minable à Sponge, en train de glandouiller, en train de… bof, je ne sais même pas en train de quoi… Voilà ce qui va arriver et comme dans la pièce de Shakespeare, il n'y a pas d'autres fins possibles pour nous.

J'étais pétrifiée. Je croyais que Roméo ne s'intéressait plus à moi et il était au bord des larmes. Je posai une main sur son dos, je caressai sa peau. Elle vibra sous mes doigts.

– J'ai l'impression de tout bousiller en ce moment, dit Roméo. Tout m'échappe et je ne sais pas pourquoi. Je n'arrive pas à contrôler ce qui se passe, je…

Il se tut. Ma main glissa sur son dos. Je poursuivis cette caresse et pourtant je ne l'aimais pas. Elle me semblait mécanique. Le geste d'une personne consolant quelqu'un d'un chagrin qu'elle ne partagerait pas vraiment. Ce qui se produisit après fut irréfléchi. Je me penchai. Mes lèvres effleurèrent le dos de Roméo, glissèrent le long de la colonne vertébrale. Il ne bougeait pas. Il respirait au ralenti. Comme moi, il était dans l'attente de quelque chose et comme moi, il ignorait ce que pourrait être ce quelque chose. Un silence opaque se créait entre nous. Soudain, alors que mes lèvres poursuivaient leurs caresses, Roméo arracha une poignée d'herbe. Il choisit des brins, un par un, les fit tomber sur le drap de bain. Ses lèvres s'animèrent. Je compris ce qu'elles disaient, même si les mots n'étaient pas prononcés. La touffe d'herbe s'était transformée en marguerite, chaque brin devenait un pétale. *Je t'aime, un peu, beaucoup...* Je récitai les mots à voix haute, pendant que ses doigts continuaient d'effeuiller « la marguerite ».

– Je t'aime, un peu, beaucoup...

Je retirai de ses mains les derniers pétales, dis très fort « à la folie » et jetai le reste de l'herbe. Roméo sourit. Me regarda.

– Continue, Juliette.

Il pensait à mes baisers sur son dos et pas aux mots de la comptine que j'avais figés avant qu'ils soient si affreux. *Pas du tout.*

– Tu sais ce qui arrive avant que Roméo et Juliette meurent, dans la pièce de Shakespeare ?

J'entendis à peine son « oui » murmuré entre des lèvres presque closes. Comme je me taisais, il ajouta :

– J'ai lu la pièce de l'Anglais. Plusieurs fois, même. Je ne te l'ai jamais dit. Je faisais semblant de ne pas connaître. Il n'y a que dans les livres que ça peut exister. Mourir après leur nuit de noces a dû être facile.

Il cessa de parler. Je me levai et tendis la main.

– Viens.

– Où ? demanda Roméo.

Il était si pâle qu'il connaissait la réponse. Il l'espérait et la redoutait.

– Dans la chambre de Roméo et Juliette.

À partir de ces dernières vacances à Ploumanach, plus rien ne fut pareil.

L'épicerie de Serge Lopez ferma en août. Elle n'avait jamais eu beaucoup de clients, pourtant notre voisin semblait s'en sortir. Maman trouvait bizarre qu'un magasin presque vide rapporte assez d'argent. En tout cas, les affaires avaient dû péricliter au cours de l'année puisque l'épicerie ferma. Personne n'ouvrit une autre boutique à la place. Durant des mois, en passant sur le trottoir, on voyait une vitrine aveuglée d'un drap blanc. Un écriteau accroché à la porte indiquait :

Cessation d'activité

Changement de propriétaire

Serge Lopez était chômeur. L'explication qu'il nous donna se résuma en quelques mots. Des accusations qu'il répéta à plusieurs reprises :

– C'est de la faute de tous ces rastaquouères qui n'en foutent pas la rame ou alors piquent nos boulots. Ils passent avant nous, ceux-là, et en plus ils profitent des aides sociales pendant que nous les Français on tire la langue et on crève. Heureusement que j'ai deux ou trois sous d'économie.

Brigitte lui proposa de s'occuper de notre jardin et du grand terrain qui entourait notre maison. Il y avait aussi les travaux d'intérieur qui étaient urgents car rien n'avait été fait depuis des années.

Au total, plusieurs mois de travaux divers. Serge s'énerva :

– Payé au Smic ? Vous rigolez ou quoi, Brigitte ? Je me doute que vous n'avez pas les moyens d'offrir davantage, mais il n'y a que les Arabes qui acceptent des conditions d'esclaves.

– Ah bon ? Je croyais qu'ils n'en fichaient pas la rame, constata maman, un sourire vinaigré aux lèvres.

Quoi qu'il en soit, la réponse de notre voisin la soulagea. Elle n'avait pas envie de le voir plus ou moins installé chez elle. Elle dit :

– Serge m'horripile de plus en plus. Je le croyais plus intelligent que ça.

Je demandai pourquoi elle proposait un emploi à quelqu'un qu'elle n'aimait pas.

– Par charité chrétienne, ma chérie. Je ne peux pas aller prier à l'église le dimanche et abandonner mon voisin dans la difficulté le lundi… même si ses propos sont parfois abjects.

Elle hésita, puis :

– Je le fais surtout pour Roméo. Il a besoin qu'on s'occupe de lui.

Ouf !

Pas plus que maman je n'aurais apprécié que Serge nous envahisse. Et encore moins que Roméo doive quelque chose à notre charité, chrétienne ou non.

Septembre arriva enfin. Le lycée. Enfin le lycée. Les études me mangeraient et j'aimerais ça. Elles m'entraîneraient loin des Roméo et Juliette de Ploumanach. Elles réduiraient peu à peu cet été à une banale histoire de vacances, comme il s'en produisait des milliers.

TROISIÈME RÉCIT DE ROMÉO

Je n'allais plus au lycée depuis un an. Je l'avais quitté le lendemain même de l'anniversaire de mes seize ans. Je ne le regrettais pas, mais les voyages en train avec Juliette, chaque matin et chaque soir, me manquaient. On ne se parlait guère, pourtant elle s'asseyait sur le siège en face du mien. Je la regardais lire, écrire. Elle n'arrêtait jamais de travailler, contrairement à moi qui n'arrêtais jamais de ne rien faire.

– Elle est la meilleure de sa classe, triomphait sa mère, quand je traversais la rue, le week-end, « pour dire bonjour ».

Je le faisais de moins en moins souvent. L'accueil de Brigitte Lescuyer était plutôt froid. Elle m'informait que « Juliette travaille dans sa chambre » ou que « Juliette est chez une copine, elles préparent ensemble plusieurs contrôles difficiles ». Il arrivait que ce soit faux. Juliette était dans sa chambre. Mais son incessant travail restait vrai.

Léopold venait rarement au Petit Clocher. Étudiant en fac de droit à Dijon, il disposait d'une chambre à la cité universitaire et d'une Twingo bleue censée le ramener à Sponge le week-end. La tache bleue de la voiture apparaissait de moins en moins souvent dans la cour de nos voisins.

Juliette vivait sur sa planète, moi sur la mienne. J'avais l'impression qu'elles gravitaient à des années-lumière l'une de l'autre. Quelques semaines après mon départ du lycée, elle me téléphona depuis chez elle au lieu de traverser la rue.

– Tu deviens quoi, Roméo ? Comment tu occupes tes journées ?

– C'est génial. Je suis libre.

– Libre de quoi ?

– De…

Un blanc. Je glandais. Je glandais et j'aimais bien. Comment annoncer ça à Juliette ?

– Je suis libre de me trouver un boulot qui m'apportera du fric avec lequel je commencerai à construire un avenir qui ressemblera à quelque chose au lieu de perdre mon temps en écoutant le baratin des profs au lycée.

Juliette émit un petit rire dubitatif avant de frapper un coup bas.

– Ah oui ? Quel boulot ? Comme Serge ? Le fric ? Quel fric ?

Cinq points d'interrogation qui cognaient en dessous de la ceinture. J'étais en colère.

– Tout le monde ne peut pas viser le prix Nobel comme toi, Juju. Seulement voilà, tu t'engloutis tellement dans tes études que tu te fous de tout le monde. Tu ne vois plus que toi, tu ne penses plus qu'à toi, qu'à tes bouquins et à ta future carrière.

– Non, c'est faux, protesta Juliette, de la voix qui devenait la sienne quand elle refoulait ses larmes. Je te vois, toi. Je n'oublie pas Ploumanach. Roméo, je… je… parfois tu me fais peur, parce que… parce que…

– Parce que quoi ? Pourquoi je ferais peur à une future princesse alors que je ne serai qu'un manant ?

La méchanceté, encore et encore, pour conjurer mon malaise.

– Parce que tu deviens franchement con, Roméo, dit Juliette dans un souffle, avant de raccrocher.

Il m'arrivait de penser qu'elle n'avait pas totalement tort. J'avais du mal à oublier ses yeux assombris, le frémissement du coin de ses lèvres et cette façon qu'elle avait de couper brutalement la conversation comme si elle craignait de pleurer.

Oui, j'étais libre. Libre de me lever tard, encore plus tard que mon père qui traînait en pyjama avant de quitter la maison pour « s'occuper de ses affaires », comme il disait. Quelles affaires ? Nous manquions d'argent, malgré la vente de l'épicerie, après des mois de fermeture. Le local, en mauvais état, n'avait pas rapporté grand-chose. Papa ne cherchait pas de travail.

– Pas la peine, je n'en trouverai pas.

Si je demandais pourquoi il n'en trouverait pas, il me donnait toujours la même explication.

– Les places sont prises par les millions d'étrangers qui sont chez nous, surtout des Arabes. Le jour où on les flanquera dehors, il n'y aura plus un chômeur en France.

– Il n'y a pas tellement d'étrangers dans nos vallées, alors...

Mon père me coupait :

– Tu ne vois pas ce qui crève les yeux, Romé, mais ça viendra.

En attendant le départ des étrangers qui donnerait du travail à Serge Lopez, nous vivions de je ne sais quoi. Papa se « débrouillait ». Je n'avais pas d'argent de poche et j'étais donc « libre de me débrouiller ». Pour commencer, de petits vols dans les magasins de Dijon. Des CD des DVD. Je les vendais aux jumeaux ou à leurs copains. Peu à peu, je volais des choses plus importantes. Je ne me rendais pas compte que je devenais un véritable voyou. Mon père s'en rendait compte, lui. Il ne disait rien. Il ne demandait jamais comment je pouvais avoir autant de CD. Comment je m'étais procuré cette nouvelle paire de tennis ou ce T-shirt. Parfois, il me regardait en fronçant les sourcils et disait :

– Tu sembles débrouillard, fils. À notre époque, c'est un bon point.

Je devenais jaloux de nos voisins. Ils n'avaient pas de soucis d'argent. Léo poursuivait des études à Dijon et voulait devenir avocat. Il avait une piaule à lui, une Twingo à lui. Juliette suivait le même chemin. Elle aussi aurait bientôt une piaule à elle, une voiture à elle et une profession impressionnante. Parfois, de passage à Sponge, Léo me proposait de m'emmener au cinéma à Dijon. C'était humiliant. Je n'avais pas les six euros nécessaires.

– Non, je n'ai pas envie, il n'y a pas de films qui m'intéressent.

– Dommage. Je t'offrais l'entrée.

Je me laissais tenter. Après le ciné, il m'offrait une bière dans un bar. Il m'invita deux fois au McDo. Durant ces sorties, il ne m'adressait presque pas la parole ou alors il commentait le film, mais au retour il me posait toujours les mêmes questions qui se terminaient toujours par les mêmes remarques.

– Tu comptes faire quoi de ta vie, Roméo ? Ressembler aux jumeaux ? C'est le chemin que tu prends et c'est comme si tu te lançais dans le vide du haut d'une falaise. Si tu veux draguer mon ambitieuse de sœur, change de direction, crois-moi.

Il éclatait de rire, mais je me rendais compte que nos balades à Dijon étaient une façon de me faire la morale.

Oui, j'étais jaloux et pas seulement de nos voisins Lescuyer. Pourquoi rien ne marchait à la maison alors que les autres vivaient mieux ? Je partageais de plus en plus l'opinion des jumeaux, celle de leur père, celle des amis de la famille Dujardin et bientôt celle de Patrick Odabe, le chef du groupe la Jeunesse française révolutionnaire qui affirmait préparer une « aube nouvelle » pour la France.

Je dois revenir au début, pour que ce récit soit compréhensible.

J'étais très souvent fourré chez les jumeaux, Antoine et Luc. Je n'avais pas beaucoup d'occupations depuis que je n'allais plus au lycée. Ils venaient me chercher en scooter à la maison. Quand Juliette voyait un scooter devant chez moi, elle ne sortait pas ou, si elle était dans son jardin, rentrait aussitôt. Elle détestait qu'on l'appelle « la belle blonde ». Ou pire. Elle détestait les jumeaux.

S'ils restaient plusieurs jours sans donner signe de vie, je me débrouillais pour aller chez eux, à Tux, un village situé à une quinzaine de kilomètres de Sponge, là où existait leur entreprise de carton. Me débrouiller consistait à prendre un vélo, mais je trouvais que c'était trop loin, trop fatigant et je pensais alors avec amertume à la Twingo de Léopold.

– Franchement, tu pousses, râlait Juju quand je refusais de l'accompagner en bécane, soit à la rivière, soit sur une des routes qui traversaient les forêts.

Elle disait que je devenais fainéant. Ses mimiques me montraient que son jugement ne s'appliquait pas qu'au vélo.

L'année de mes dix-sept ans, je devins voleur d'un scooter à trois reprises. J'employais aussi une autre méthode pour rejoindre mes nouveaux amis. Je me plaçais au milieu de la route qui menait à Tux, obligeant la première voiture qui passait à s'arrêter. Le chauffeur était contraint de me prendre et de me déposer dans le village des jumeaux.

Antoine et Luc m'avaient beaucoup appris depuis la fin du lycée. À voler n'importe quoi si j'estimais que j'en avais besoin et si c'était sans risque. À mettre en marche un scooter volé. À conduire une voiture. Ils m'apprenaient avec celle de leurs parents. À intimider certaines personnes, comme les conducteurs que j'obligeais à me prendre « en stop ». Ils balayaient mes derniers scrupules d'une remarque que je trouvais de plus en plus juste.

– Pauvre naze, me disait Antoine, en écartant les mains afin de montrer l'évidence de ses propos, tu as l'air fin avec tes trouilles de curé. Tu n'as rien, tes poches sont vides et le resteront si tu ne te bouges pas le cul. Pourtant, tu vaux autant que les autres. Ça te paraît normal qu'on te bouffe la laine sur le dos, qu'on te marche dessus comme sur une merde de chien ? Non ? Alors, débrouille-toi pour corriger l'injustice de ta trajectoire familiale.

Mon père triomphait quand je lui racontais ça.

– Ils ont raison, Romé ! Heureusement que nous sommes de plus en plus nombreux à penser ainsi. Je suis vraiment content de t'avoir fait connaître les Dujardin.

Je ne parlais pas souvent des jumeaux à mes voisins. Ils montraient clairement qu'ils les détestaient.

– De pauvres idiots au cerveau mité, déclarait Léopold. Ils se baladent dans les rues de Sponge en jouant la provoc, comme s'ils étaient les maîtres de la ville. Les gens rigolent. À tort, d'ailleurs.

– Ils ont raison de rire, approuvait Juliette. Les jumeaux sont ridicules avec leur crâne rasé, leur treillis militaire, leurs grosses godasses. Ils se font un film, mais il n'y a qu'eux qui le regardent.

Son avis m'énervait. J'aurais aimé m'habiller comme eux et leur ressembler. Je ne le faisais pas à cause des voisins. De Juliette. Elle s'habituait à mes cheveux coupés court, maintenant, mais j'imaginais ses ricanements si je me rasais le crâne façon skin.

– Rire de cet accoutrement et de la bêtise ? s'étonnait Léopold. Attention, Juju. Parfois, les imbéciles croient si fort à leur imbécillité qu'ils passent à l'acte et ils ne font plus rire du tout.

Je suivais ces propos sans intervenir, sauf quand Brigitte m'adressait des remarques déplaisantes. Depuis que j'avais quitté le lycée, elle ne me parlait plus beaucoup. Elle se contentait de m'observer d'un air consterné. Elle parlait pourtant à mon père. Ils avaient de longues discussions quand il faisait beau et qu'ils étaient dans leur jardin ou dans leur cour. Un jour, ma voisine oublia sa bonne éducation et s'adressa à moi avec colère.

– Ton père est borné, Roméo. Il n'a pas le droit de se conduire ainsi.

Je ne comprenais pas. Se conduire comment ?

– Tu tiens à ressembler aux jumeaux ? À la maison, personne n'aimera ça, Roméo, et si tu persistes à les imiter, je préfère que tu voies moins Juliette.

Je décidai de me fâcher, moi aussi.

– Ils vous ont fait quoi, Antoine et Luc ? Vous n'êtes pas ma mère ! J'ai le droit de fréquenter qui je veux !

– Tu as raison, Roméo, je ne suis pas ta mère...

Une rire coincé, puis :

– Il m'arrive de regretter que ce ne soit pas le cas. Heu... Juliette tient beaucoup à toi, même si elle ne le montre pas. Je ne veux pas que ma fille soit malheureuse... mais je ne veux pas non plus que ma fille fréquente n'importe quel garçon.

Ma grand-mère Costancia, que je voyais peu, me tenait un discours semblable quand elle en avait l'occasion. Elle était à la maison, un samedi de la fin du mois de mai. Elle m'assommait de questions auxquelles je répondais en haussant les épaules.

– Tu te prépares quel avenir, Roméo ? Comment gagneras-tu ta vie, mon grand ? Tu crois, mon chéri, que traîner à la maison ou dans les rues est une bonne idée ?

Elle montra le drapeau bleu blanc rouge avachi et décoloré qui pendait en haut du mât, alors que papa ne s'en occupait plus mais ne le retirait pas.

– Ton père continue à t'endoctriner de ses idioties ?

Je ne voulais pas discuter avec elle. Ce jour-là, après la leçon de morale de mamie Costancia, les jumeaux se pointèrent à la maison, juchés sur leur scooter, décorés de leurs professions de foi. Des têtes de mort. Sur l'engin d'Antoine, on voyait Jeanne d'Arc en armure. Des insignes mystérieux. La même inscription flottant sur un petit drapeau, à l'avant des scooters : *White Power.*

– Bonjour madame, dit poliment Antoine, alors que Luc portait la main à la tempe, mimant un salut militaire et marmonnait « Salut ».

Les crânes rasés et les treillis de parachutistes firent tiquer Costancia. Serge avait dû lui parler des jumeaux. Mamie n'avait ni sa langue dans sa poche ni froid aux yeux. Elle leur décocha un sourire de publicité pour dentifrice et pointa un index en direction des petits drapeaux.

– Vous êtes déguisés pour aller à un bal costumé ? *White Power*, ça signifie quoi en français ? Mais peut-être que vous ne comprenez pas l'anglais ?

Les jumeaux rougirent un peu, surtout Antoine. Luc intervint :

– Votre humour à deux balles, vous pouvez vous le garder. On n'a pas le temps de convaincre les vieux comme vous. C'est trop tard pour les vieux, mais nous les jeunes, on ne se laissera pas bouffer par la racaille.

– Bravo, jeune homme ! s'exclama Costancia, en applaudissant, son sourire déployé jusqu'aux oreilles. C'est très exactement ce que je conseille à mon petit-fils : éviter autant que possible la fréquentation de la racaille.

Sur quoi, elle tourna les talons, rentra dans la maison et, depuis la fenêtre de la cuisine, me regarda partir assis à l'arrière du scooter d'Antoine. Le soir, elle n'était plus chez nous, mais elle me téléphona.

– Je me suis encore disputée avec ton père, mon grand. J'aimerais… j'aimerais que tu reprennes tes études. Ici, à Dijon, ce serait bien. Tu logerais chez moi, je te gâterais, tu aurais plein de copains, tu…

Elle parla une demi-heure. Elle me soûlait. Elle énumérait une liste de professions d'avenir. Je torpillais ses propositions en disant chaque fois : « Non, je serais nul dans ce truc et en plus ça ne m'intéresse pas. »

– Alors, mon chéri, qu'est-ce qui t'intéresserait ? capitula Costancia. Quelle que soit ton idée, je suis d'accord et on fonce tous les deux sur ce chemin.

– On verra, mamie. Je réfléchis et je te rappelle.

L'année de mes dix-sept ans se termina sans que je tienne parole et Costancia n'aborda plus le sujet « l'avenir de mon petit-fils ». Les rares fois où elle vint à la maison, elle m'observa de son regard de chien triste.

Ce jour de mai, au cours duquel je fis la connaissance de Patrick Odabe, alias Punchskin, le surnom qu'il préférait qu'on emploie, j'arrivai tôt chez les jumeaux. En stop. Ma méthode à moi. Le couple, à l'intérieur de la voiture, ne prononça pas un mot. Le chauffeur jetait des coups d'œil inquiets dans le rétroviseur. Mon mètre quatre-vingts tout en muscles l'incitait à se débarrasser au plus vite du voyou qui lui avait barré la route. Il me déposa à l'entrée de Tux.

– Un conseil : fermez-la. Il vaut mieux ne pas raconter votre journée et surtout pas à un keuf... un flic, quoi.

J'éclatai de rire quand la C4 démarra en rugissant de trouille. Oui, je commençais à être content de moi quand j'intimidais des personnes fragiles. Je commençais à me sentir puissant. Je commençais à me sentir quelqu'un.

Les parents des jumeaux n'étaient pas chez eux. Ils travaillaient dans leur entreprise qui employait une vingtaine de personnes. Antoine était parti faire des livraisons ou autre chose. Seul Luc m'attendait. Malgré la chaleur anormale de ce mois de mai, il portait son éternel treillis de toile kaki marbrée de taches vertes.

– On se tape un décrassage en salle de gym, proposa Luc et après, on ira chasser le boucaque.

– C'est-à-dire ?

– Je t'expliquerai, Roméo. Tu manques de vocabulaire. J'ai pas le temps maintenant, mes parents m'ont refilé dix pages de compta à mettre à jour. Commence la muscu, je te rejoins dans vingt minutes.

Il disparut dans une des pièces. La gym ne me tentait pas, en dépit des nombreux appareils installés au sous-sol. Une armoire contenait des shorts, des maillots, des chaussures. Luc adorait se défoncer physiquement. Ses parents aussi. Moi, j'aimais surtout la gym quand Hélène Dujardin, vêtue d'un minuscule short rouge et d'un infime T-shirt de même couleur, balançait les fesses sous mes yeux. Antoine n'appréciait pas trop les séances de musculation. Il faisait le minimum. La première fois, il me dévoila sa conception de l'entraînement physique. Il prit une batte de base-ball dans l'armoire, la mania comme une pom-pom girl manie son bâton et brailla :

– Le seul sport utile, le voilà. On devrait bosser l'utilisation de la batte de base-ball, travailler le geste parfait qui rétamerait un bougnoule ou un youpin.

Au lieu de descendre au sous-sol, je me mis à errer de pièce en pièce. J'espérais que Luc m'emmènerait à Dijon. « Chasser le boucaque » ? Que dissimulait cette expression ? Elle me semblait une promesse excitante. Je m'ennuyais rarement en compagnie des jumeaux. La maison de la famille Dujardin ressemblait à un musée. Elle était nickel. Pas un grain de poussière. Chaque chose à sa place, une place immuable : entre chacune de mes visites, les objets ne bougeaient pas d'un centimètre. Il y avait un peu partout des armoires vitrées qui exposaient leur contenu : des modèles réduits d'avions, d'autos, de tanks, des personnages de bandes dessinées en céramique, des décorations militaires, des souvenirs de voyages. Il était interdit d'ouvrir les vitrines et de toucher. Seule Hélène Dujardin possédait ce droit. Elle époussetait, replaçait, vérifiait la parfaite disposition, refermait. Elle m'observait, les lèvres décorées d'un sourire peu engageant, et commentait :

– Pas touche, Roméo. Jamais.

Nicolas Dujardin précisa :

– Tu as devant les yeux notre trésor de guerre.

Comme je paraissais surpris, il me désigna d'un index fébrile quelques décorations militaires.

– Elles ne sont pas du chiqué, nos breloques, Roméo. La plupart ont appartenu à des soldats de l'armée allemande et même à des SS. Certaines sont des objets de collection recherchés et valent pas mal de pognon.

La maison était silencieuse. Je n'entendais que le cliquetis d'un balancier de pendule, dans un couloir. J'ouvris les portes, sans me gêner. La netteté de chaque pièce m'impressionnait. Chez moi, la maison était de plus en plus à l'abandon. Tout traînait. Papa délaissait les travaux ménagers et je ne faisais pas grand-chose non plus pour entretenir la Petite France.

J'évitai la pièce où travaillait Luc. Un bureau. C'était affiché sur la porte, et un panneau *Sens interdit* figurait sous l'inscription. J'empruntai pour la première fois un escalier étroit qui s'amorçait au fond d'un couloir. Il devait monter au grenier, un endroit que je ne connaissais pas. J'hésitais. Mon exploration était culottée, même si j'avais l'habitude d'agir comme chez moi dans la maison des Dujardin. Je me disais que dix pages de comptabilité ne se faisaient pas en quelques minutes, d'autant que Luc et son frère avaient quitté l'école à seize ans. Les déclarations de Luc me revinrent en tête :

– Nous non plus on n'était pas des flèches au bahut. Pas mieux que toi, Roméo. On s'est barrés dès que le gong a sonné nos seize piges, la durée légale à la con. Tu vois qu'on s'en tire plutôt bien.

Mon père, d'accord sur le sujet « l'école est une perte de temps », n'aimait pourtant pas entendre les jumeaux se vanter de cette façon. Il haussait les épaules et commentait :

– Ouais, OK, OK leur baratin, n'empêche qu'ils ont la boîte des parents derrière eux et que leur avenir d'héritiers est tout tracé, tandis que le tien il va falloir se l'arracher avec les dents.

L'escalier ne conduisait pas directement au grenier, comme je le croyais. Il s'arrêtait d'abord devant une porte basse. Elle était fermée à clé, mais la clé était sur la serrure. C'était tentant. Impoli mais tentant. J'écoutai les bruits de la maison. Aucun. La clé tourna dans la serrure presque malgré moi. La porte cachait une pièce basse, tapie sous la toiture. La lumière du jour entrait par un œil-de-bœuf et éclairait la charpente. Elle éclairait aussi les murs couverts d'étagères de bois blanc. Je ne pus retenir un cri de stupéfaction. De peur aussi, même si elle ne persista que quelques secondes. Une armurerie. Je longeai les rayonnages, les uns après les autres, déchiffrant les inscriptions figurant sur des cartons coniques posés devant chacune des armes. Des pistolets. Des revolvers. Je lus : *Smith & Wesson 9mm Para. Walther P 88. Sauer 226. Colt Double Eagle. Vektor SP1 9mm Para.*

Au milieu de la pièce, une étagère exposait des fusils. Ce que je nommais des fusils, car il n'y avait pas de cartons, mais plus tard les jumeaux me donneraient les noms des armes meurtrières, un sourire orgueilleux éclairant leur visage quand ils répéteraient que leur père était un grand collectionneur. Punchskin, dont je ferais bientôt la connaissance, ajouterait :

– Les armes peuvent toujours servir. On ne sait jamais ce qui peut arriver.

Il ricanerait, me fixant en clignant l'œil droit :

– Charles Martel n'a pas arrêté les Arabes à Poitiers à mains nues. Heureusement pour lui et pour nous, il a utilisé des épées. On a les nôtres, maintenant, et comme elles sont plus modernes et plus efficaces, on se démerdera mieux contre l'invasion des boucaques.

Les armes blanches s'étalaient sur le rayonnage de droite, le moins visible. Des poignards, des baïonnettes.

Je me mis au milieu de la pièce, de façon à en voir l'ensemble. Un arsenal sidérant dont je comprenais le danger et la menace qu'il représentait. Je me doutais, évidemment, que posséder une armurerie était illégal, que ne rien dire me rendait complice, mais en même temps, je ne parvenais pas à me débarrasser d'une pointe d'admiration. Hélène et Nicolas Dujardin étaient vraiment gonflés. « Fous », me murmurait une petite voix, très lointaine, que je préférais ne pas écouter, tant j'étais impressionné. Une sorte de fierté me gagnait. J'avais des amis exceptionnels ! Je ne pourrais raconter ma découverte à personne, pas même à mon père, mais n'empêche que je fréquentais une famille *incroyable* qui vivait secrètement d'une façon *incroyable* et c'était autre chose que la vie ordinaire et ennuyeuse de Roméo et Serge Lopez.

Je venais de mettre les pieds dans un nid de serpents, mais je ne le comprenais pas ou plutôt, refusais de l'admettre. L'excitation tuait en moi tout sens de la réflexion.

J'en étais là de ma paralysie au milieu de l'étroite armurerie, repoussant la voix de la raison qui murmurait que j'étais dans une maison habitée par des dingues, que j'avais fait de ces dingues des amis dont je ne pouvais plus me passer, quand j'entendis des pas dans l'escalier. Trop tard pour moi. La porte s'ouvrit en grand, livrant le passage à Antoine accompagné d'un homme beaucoup plus âgé.

– Alors, tu as découvert notre arsenal ? dit Antoine. Il est super, hein ?

Il souriait à pleine bouche et ne semblait pas m'en vouloir. Le type se taisait. Son regard essayait de capter le mien qui ne savait plus où se fourrer tellement j'étais gêné.

– Évidemment, tu la fermes, poursuivit Antoine, parce que si les flics débarquaient chez nous, mes parents seraient dans la merde. Bon, je te présente Punchskin qui est venu me prendre à l'usine. On a des trucs à faire ensemble dès que Luc aura fini de bosser.

Antoine toussota. Il ne ressemblait pas tant que ça à son frère. Il était un peu plus petit, plus mince, et ses cheveux étaient d'un châtain plus clair. Il pointa les index vers moi, les agita.

– Il préfère qu'on l'appelle Punchskin plutôt que par son vrai nom, Patrick Odabe. Il te connaît, je lui ai parlé de toi.

Punchskin me tendit la main.

– Salut, Roméo.

Il ne souriait pas. Un visage lisse. Il était étrange. Le crâne sans un tif, des joues rondes, épaisses, creusées de deux trous profonds et sombres qu'occupaient des yeux d'un brun lumineux. Le plus curieux était son accoutrement. Un costume noir de croque-mort et une chemise noire. Je cherchais à qui il me faisait penser, mais Odabe prit les devants. Un zeste de sourire écorna ses lèvres. L'éclat des yeux se voila. Il m'enfonça deux doigts dans le ventre, appuya comme si le but était de me perforer le nombril.

– Cherche pas, Roméo, à qui je te fais penser. À une photo de ton livre d'histoire, quand tu perdais ton temps à l'école. À Mussolini, le Duce. C'est voulu. Il est mon héros et il est temps qu'on réanime ses idées.

C'était exactement ça. J'aurais dû hurler de rire, alors que des images d'un film vu au collège défilaient dans ma tête.

– Ouais, le clown, braillait Noémie, une fille de ma classe de troisième.

Nous étions tous écroulés de rire, sauf le prof d'histoire-géographie qui intervint sèchement.

– Ce clown-là ne devrait pas vous faire rire, croyez-moi. Mussolini était un clown sinistre.

En tout cas, le jour où je fis la connaissance de Punchskin, je n'éclatai pas de rire et je ne le traitai pas de clown. Ni ce jour-là ni les autres. Au contraire : j'enfonçai davantage mes pieds dans le nid de serpents.

Sans même sourire, je me contentai de marmonner plusieurs « OK… OK… » et pendant qu'Odabe continuait à me sonder de son regard embarrassant, je posai la question qu'il attendait :

– Pourquoi Antoine vous appelle Punchskin ?

Il ne répondit pas tout de suite. Antoine n'intervint pas non plus, mais me considéra avec un sourire ironique qui transmettait l'information : « Moi, je sais parce que je suis l'ami d'Odabe depuis longtemps. » Le Mussolini de Sponge se décida enfin.

– Mes amis m'appellent Punchskin et j'espère que tu utiliseras ce nom quand tu seras des nôtres. Et tu seras bientôt des nôtres, si j'en crois les jumeaux. Punch… tu connais ce mot anglais… le poing. Nous, les militants de la Jeunesse française révolutionnaire qui préparons la venue d'une « Aube nouvelle » pour notre pays, nous n'avons que nos poings comme arme naturelle contre les Rouges, les Juifs, les Arabes, les pédés, les Roms, toute cette marée de rastaquouères qui submerge la France.

« Rastaquouères » me fit tressaillir et réfléchir au point que j'en perdis le fils du discours d'Odabe durant quelques secondes. Le mot de mon père. Est-ce que papa connaissait Punchskin ? L'évidence m'apparut : oui.

– Voilà pourquoi les militants des JFR aiment la violence, poursuivit Odabe. Tu verras et tu comprendras.

J'esquissai un sourire conciliant alors que je ne m'intéressais pas vraiment à ces explications. Pourtant, afin de montrer le contraire, pour plaire surtout à Antoine qui reluquait Odabe comme s'il était le véritable Mussolini ressuscité, je posai une autre question :

– Punch, d'accord, mais skin ? Punchskin ?

Odabe éclata de rire. Un grondement rauque, qui surgit du ventre plutôt que de la gorge et qui traduisait plus une exaspération nuancée d'orgueil qu'une véritable joie. Il retira sa veste puis sa chemise. Il était torse nu, pas le moins du monde embarrassé d'agir ainsi. Sur son ventre, on voyait une sorte d'aigle tatoué dont les serres s'accrochaient au nombril, les ailes se déployant vers les épaules. Les bras étaient aussi tatoués et colorés : des dessins bizarres, bleus, des lettres rouges et une croix gammée noire sur l'épaule droite. Punchskin pivota sur les talons afin de dévoiler son dos sur lequel apparaissait une femme nue, d'une trentaine de centimètres de haut. Elle tenait un poignard.

– Jeanne d'Arc, annonça Punchskin.

Il se rhabilla. Pendant qu'il remettait sa chemise, Antoine s'exclama d'une voix admirative :

– Putain, j'ai l'habitude mais chaque fois je flippe tellement ça me fout des frissons.

Il me donna un coup de poing dans le ventre, m'obligeant par réflexe à tendre mes abdominaux.

– Tu piges pourquoi Punchskin, maintenant ? Tu nous accompagneras, tout à l'heure, quand Luc aura terminé son travail. On ne sera pas trop de quatre. Tu comprendras que les poings sont utiles dans une chasse aux boucaques.

Il cligna de l'œil, désigna les armes de la pièce et poursuivit :

– Avant qu'on utilise nos flingues…

Il rit, semblant ainsi me confier qu'il plaisantait, mais Punchskin intervint :

– On s'en servira un jour. En attendant, Roméo, tes poings suffiront. Tu es presque aussi balèze que moi. Je connais bien ton père, il partage nos idées, donc tu nous intéresses.

Il me sourit.

– Ouais, je connais Serge. Il fréquente depuis longtemps mon bar, à Dijon. Justement, puisque je parle de bar, j'ai quelque chose à te proposer. Un boulot. C'est ton père qui a eu l'idée. Serge pense à toi, il ne veut pas d'un fils qui devienne un p'tit pédé et il a bien raison. Descendons parler de ça dans le salon.

Il fit demi-tour, franchit la porte et s'engagea dans l'escalier. Antoine et moi le suivions comme deux chiens dociles.

TROISIÈME RÉCIT DE JULIETTE

J'étais en terminale au lycée et Roméo travaillait dans un bar de Sponge. L'Escale. Le nouveau propriétaire, connu de presque tout le monde, venait de Dijon. Patrick Odabe. Il se pavanait dans les rues, vêtu de noir quelle que soit la saison, souvent entouré de deux ou trois individus qui jouaient les gros bras comme s'ils protégeaient le président de la République. Ils faisaient les malins, surtout avec les filles. Les jumeaux appartenaient à ce « service d'ordre », expression qu'avait employée Roméo quand je lui avais demandé qui étaient ces types ridicules.

– Roméo est parfois avec eux, affirmait Léopold.

Maman confirmait en inclinant la tête, sans commenter. En tout cas, moi, je ne le croisais jamais sur un trottoir, crânant aux basques d'Odabe.

Toute la ville semblait d'accord pour les traiter de crétins et pourtant, selon Léopold, peu de personnes refusaient de céder le trottoir quand le troupeau de skins, vêtus de treillis, croisait en ville en affichant une arrogance de vainqueurs.

Roméo, serveur dans un bar, depuis un an.

Le jour de son embauche, Roméo traversa la rue et entra chez nous le soir, assez tard, sans attendre qu'on lui ouvre la porte après son coup de sonnette. Léo était à la maison, parce qu'il y avait une grève à la fac. Au lieu de travailler mon bac dans ma chambre, je m'ennuyais plus ou moins avec mon frère en regardant un film à la télévision. Roméo franchit l'espace entre nos fauteuils, se dirigea vers ma mère, comme si Léopold et moi n'existions pas.

– Brigitte, j'ai trouvé un emploi ! À partir de la semaine prochaine, je travaille et gagne de l'argent. Si tout se passe bien, je fais des économies et je peux devenir patron à mon tour dans une dizaine d'années.

Il était excité comme un pou et nous, abasourdis par ce flot de paroles jeté entre l'écran de télévision et nos fauteuils. Il n'attendit pas que nous lui posions la question évidente : « Quel emploi ? » Il se laissa tomber sur le pouf placé à côté de mon fauteuil. Son genou droit poussa mon genou gauche de petits coups énervés.

– Tu vois, Juju, que j'avais raison ! On peut se dégoter un job intéressant sans s'éterniser au bahut et empiler les diplômes.

Nous n'avions toujours pas dit un mot. Je m'aperçus que ma mère fronçait les sourcils. « Dégoter un job » avait résonné d'une façon un peu vulgaire, qu'elle n'appréciait pas. Roméo posa sa main sur mon bras. Je tressaillis. Il y avait longtemps que Roméo ne m'avait pas touchée.

– Si ça se trouve, dans quelques années, quand tu seras médecin à Pétaouchnok, moi je serai patron d'un bar à Pétaouchnok. Nous vivrons ensemble à Pétaouchnok. Ce serait super, non ?

Ce qui se voulait une plaisanterie me fit encore tressaillir. La voix de Roméo débordait d'amertume. À moins que ce ne fut de l'espoir dissimulé sous l'ironie ?

Léopold s'empara de la télécommande et coupa le film. Il posa la question, presque avec réticence, comme si tous les trois nous redoutions la réponse de Roméo.

– Tu as de la chance, parce que à Sponge, les emplois sont rares. Tu feras quoi, au juste ?

– Je serai employé dans un nouveau bar qui ouvre en ville, L'Escale, vous savez là, sur la place…

– Oui, il y a des affiches partout annonçant l'ouverture de L'Escale, coupa Léo. Je connais même le patron de ce café… enfin, je l'ai croisé, il traîne en ville et on en parle…

– Patrick Odabe, intervint Roméo. Il a vendu le bar qu'il possédait à Dijon pour s'installer ici, où il y a moins de concurrence. Papa lui a parlé de moi et j'ai eu de la chance parce qu'il cherchait un employé. Je commence la semaine prochaine.

Un silence se glissa entre nous. Je sentis les regards de ma mère et de mon frère posés sur moi. Ils attendaient ma réaction. Pourtant, je ne trouvais rien à dire. Roméo m'échappait de plus en plus, alors serveur dans un bistrot ou glandeur dans la rue ou… J'étais une spectatrice de plus en plus lointaine de la vie de mon voisin. Cette année-là, un seul but m'importait : réussir mon bac et obtenir la mention Très Bien. Léopold et Brigitte m'encourageaient aussi à ne suivre que ce chemin. À ne penser qu'à moi. Ma mère, constatant mon embarras, prit la parole :

– Ce n'est pas illégal, Roméo, de travailler dans un bar quand on n'a même pas dix-sept ans ? Il me semble que si, que tu n'auras pas le droit de servir des boissons alcoolisées.

Roméo répondit tranquillement :

– Oui, je sais, normalement je ne devrais pas être en salle tout le temps, mais on s'arrangera.

Il hésita, ajouta :

– Le patron dit qu'il faut en prendre et en laisser de tous ces règlements. Moi, je m'en fous aussi. Qui ça gênera à Sponge ?

– Il te paiera comment si ton emploi ne respecte pas la législation ? demanda Brigitte, en haussant ses sourcils autant qu'elle pouvait.

– Mon patron trouvera une solution, expliqua Roméo. Papa dit que je peux avoir une fiche de paie pour la partie légale de mon travail et pour le reste, je m'en passerai jusqu'à ma majorité.

– Ben tiens ! s'exclama Léo. Ton Odabe ne serait pas un peu arnaqueur sur les bords ? Est-ce que tu sais vraiment où tu mets les pieds, Roméo ? Si j'en crois les rumeurs, ton futur patron s'entoure d'une bande de skins qui picolent des bières, agressent verbalement des gens dans la rue et se conduisent en voyous quand ils sont sûrs de l'impunité. Tu sais ça ? Ton père sait ça ?

Ma réaction fut soudaine, irréfléchie et violente. Je me levai et lançai, d'une voix aiguë :

– Foutez-lui la paix ! Roméo a un travail, il va gagner sa vie et vous ne pensez qu'à l'enfoncer, le décourager, le... le... Il verra bien ! Putain, laissez-lui une chance ! J'en ai marre qu'il... que... Viens, Roméo, on sort parler dehors.

Je lui pris la main et le hissai hors du pouf. J'étais abasourdie. Je le défendais alors que je trouvais peu glorieux cet emploi douteux chez un patron louche. Alors que les informations de mon frère m'inquiétaient : Roméo fréquentait déjà les jumeaux qui ressemblaient bel et bien à deux skins un peu crétins.

Je n'étais donc pas une spectatrice aussi lointaine et indifférente de la vie de mon voisin que je le croyais.

Nous allions faire rapidement connaissance de Patrick Odabe et de quelques-uns des membres de sa troupe d'imbéciles. La Petite France devint un point de rassemblement. Odabe débarquait au volant d'un énorme 4x4 japonais, le plus souvent couvert de boue. Il libérait son chien, emprisonné dans le coffre arrière, un magnifique setter irlandais, probablement si écœuré par les bêtises que proférait le groupe de skins qu'il se réfugiait chez nous et quêtait nos caresses.

– Punchskin, pourquoi t'as choisi un clebs de gonzesse ? brailla un jour un des poissons pilotes d'Odabe.

Ce qui nous permit d'entendre son surnom pour la première fois et d'apprécier la qualité du langage des amis de Roméo, car l'individu, ne recevant pas de réponse, insista :

– Putain, Patrick, les setters sont des chiens de pédé. Ils n'ont pas de couilles devant un danger, tandis qu'un pit ou un dog a des mâchoires d'acier.

– Je t'emmerde, Joël, répondit Odabe. Ce n'est pas ton chien, c'est mon clebs. Tu la fermes quand tu parles de Loulou, tu fais attention à ce que tu dis, je n'aime pas qu'on me traite de pédé et si tu tiens à tes dents, tu fais gaffe.

Les jumeaux surgissaient souvent du monstrueux 4x4, ou alors déboulaient en scooter cinq minutes après. Il y avait aussi deux ou trois autres individus. Jamais de filles. Les poissons pilotes se ressemblaient. Souvent, le même treillis militaire ou des survêtements de marque. Mêmes crânes rasés, des boucles aux oreilles, des tatouages sur les bras. Même langage plus ou moins ordurier, même incapacité à parler doucement. S'il faisait beau, ils restaient dehors, s'il pleuvait ou s'il faisait froid, ils s'enfermaient dans le sous-sol de la maison de Serge Lopez. Quand le monstre japonais apparaissait, le samedi ou le dimanche, ma mère observait ceux qui en descendaient depuis la fenêtre de la cuisine. Elle me conseillait de ne pas sortir. Pourtant, je tentai ma chance deux ou trois fois, cherchant à comprendre ce qui attirait Roméo. Je supposais que le groupe de skins fréquentait le bar de L'Escale et, dans ce cas, pourquoi venir ici le dimanche ou les jours de repos de Roméo ? Donc, je sortis, m'apprêtant à traverser la route afin de dire bonjour à mon voisin. Je lui adressai un petit signe de la main, depuis ma cour, mais il ne répondit pas. Il était entouré d'Odabe, des jumeaux et de deux autres types d'une trentaine d'années, munis de bouteilles de bière alors qu'il était à peine onze heures. C'était un dimanche. On entendait les cloches de l'église de Sponge, pourtant loin du Petit Clocher, qui sonnaient la sortie de la messe. Roméo fit semblant de ne pas me voir. Avant que j'atteigne le portail de la Petite France, une fenêtre s'ouvrit à l'étage de la maison. Serge Lopez apparut et cria :

– Hé les gars, ne restez pas dehors. Entrez, vous ferez moins de bruit.

Il m'aperçut, leva un bras, et cria encore :

– Ne t'en fais pas, ma belle, ils seront discrets, sinon ils auront affaire à moi !

Il disparut de l'encadrement de la fenêtre et n'entendit peut-être pas la réponse d'un des buveurs de bière qui tendait la bouteille vers la maison et braillait :

– On est mieux dehors à picoler notre vin de messe à nous ! Mon pote Brutus est capable de gerber sur tes tapis ! À plus, Sergi !

Sergi, au lieu de Serge, pourquoi pas. Mais Brutus... Ça commençait mal. Je poussai le portail donnant sur la cour de la Petite France, mais je n'entrai pas. Roméo ne venait pas à ma rencontre. Odabe inclina la tête, d'une façon ironique, dit : « Bonjour, belle demoiselle. » Les jumeaux marmonnèrent « Salut », tout en lorgnant Roméo qui se contenta de me sourire. Un sourire coincé. Ma visite lui déplaisait. Il semblait craindre que ma présence ne déclenche quelque chose. Il avait raison. Le dénommé Brutus claqua les talons, tendit devant lui le bras qui ne tenait pas la bière, et beugla :

– *Sieg Heil !*

L'autre inconnu hésita puis réagit de la même façon. Ensuite, il vomit un rire épais et ajouta :

– Chicos ! Le repos du guerrier nous arrive sans qu'on demande, on a du bol.

Il se tourna vers Roméo.

– D'où elle sort, ta Belle au bois dormant ? Tu nous la prêtes ?

– Ta gueule, Rémi ! dit Roméo, d'une voix sourde.

Il me dévisagea de loin, montrant son embarras.

– On a des trucs à faire ensemble, Juju, mais j'irai ce soir chez toi.

Il ne manifestait toujours pas l'intention de m'approcher. Je ne savais pas quelle contenance prendre, ni même quoi dire. Brutus, lui, s'avança jusqu'au portail. Ses yeux parcoururent mon corps du haut en bas, puis remontèrent sur mes seins et s'y collèrent.

– T'es bien foutue, ma chérie. Moi, je jouerais bien à colin-maillard avec toi. Tu nous accompagnes ?

Je reculai d'un pas, dis « connard ». Roméo éclata de rire. Rémi vint au secours de son copain.

– Hé, on ne va pas se laisser insulter par une fille.

Odabe empoigna sa veste de treillis et tira un coup sec.

– Tu la fermes, Rémi. Ça fait deux fois que je te mets les points sur les i. Tu connais la règle : respecter les ordres donnés. Je t'ai dit que ce n'est pas le jour à jouer au con.

La bière était tombée. Le sol buvait le liquide qui glougloutait. Rémi pâlit mais se tut, alors que Brutus refusa de perdre la face. Il m'adressa un sourire qui dévoila des dents très moches et dit :

– Ma chérie, toi et moi on fera des exploits ensemble un jour ou l'autre, promis. Tu aimeras et tu en redemanderas.

J'eus à peine le temps d'entendre l'exclamation de Luc : « Putain, t'es lourd Lionel, c'est la copine de Roméo. » Il y eut un bruit sourd suivi d'un hurlement. Roméo avait balancé un formidable coup de pied dans la jambe de Lionel-Brutus qui criait de douleur et claudiquait dans la cour. Roméo s'approcha de lui, entoura son cou de son bras et serra.

– Tu sens ? La prochaine fois que tu insultes Juliette, je t'étrangle. Compris ?

Il relâcha son étreinte. Je reculai jusqu'au milieu de la route, effarée par ce spectacle, comprenant que je n'approcherais plus de Roméo quand il serait avec ses nouveaux « amis ». Odabe applaudit.

– Bravo, Roméo ! Tu en as ! Brutus et Rémi, j'ai deux mots à vous dire. Allons dans la maison.

Je rentrai chez moi pendant que la troupe se glissait dans le garage des voisins. Il n'y avait plus personne dans la cour. Le silence qui figeait maintenant la Petite France était lourd de menaces.

Durant une courte période, Léopold revint chaque week-end à Sponge et même parfois pendant la semaine. Il ne donnait pas vraiment d'explication, se contentant de dire qu'il y avait peu de travail à la fac. Le printemps était magnifique, éclatant d'un soleil généreux, anormal selon les météorologues. En tout cas, il incitait à la promenade.

– Léo, je me demande pourquoi tu reviens à la maison, on ne te voit presque pas, se lamentait Brigitte.

Maman avait raison. Elle ne comprenait toujours pas ce que je comprenais depuis Ploumanach, ces vacances si belles et si tristes aussi puisqu'elles étaient les dernières avec Roméo. Mes doutes s'envolèrent lorsque je surpris mon frère au bord du lac du Serpent, un plan d'eau peu fréquenté situé près de Sponge. Il ne se promenait pas seul. Un ami l'accompagnait et Léo l'embrassait. Je découvrais les amours de Léopold à travers un rideau de joncs qui cachait en partie la plage. J'étais avec Élisa, une copine de terminale. On s'offrait une balade afin de s'octroyer un peu de repos entre les heures d'un travail acharné. Le bac, le bac.

– Dis, Juju, on dirait Léopold là-bas sur la plage, avec un autre mec.

Elle tendait un bras incrédule.

– Tu es folle ! Léo est à Dijon, il passe des examens en ce moment.

Un chemin de traverse se présentait. Il tournait le dos à la plage. Élisa accepta de me suivre, sans insister, mais je voyais bien que son regard pointu me scrutait et doutait.

Peu après, Léo cessa ses visites régulières.

– Tu es déjà las de ta mère et de ta sœur ? soupira maman.

Elle souriait, plutôt contente de ce changement. Son garçon faisait de belles études en fac de droit. En dépit de son manque de constance, il était un fils attentionné et aimant. Léopold grimaça. Sa réponse effaça le sourire de ma mère.

– Bof, tout le monde me laisse tomber ces temps-ci. Je préfère me terrer dans ma piaule avec mes bouquins, au moins eux ils ne me trahissent pas.

– Léo ! Pourquoi tu dis de pareilles horreurs ? s'alarma maman. Juliette et moi on te laisse tomber ?

Je compris la réflexion de mon frère. *Le type du lac du Serpent le laisse tomber.* Léopold nous embrassa, l'une après l'autre. Il me serra très fort contre lui, serra Brigitte encore plus fort et conclut le sujet abandon par une pirouette.

– Ah non, pas vous, mes deux chéries. Vous êtes les femmes de ma vie.

Léopold détestait les copains de Roméo. Il essayait parfois de le mettre en garde, mais n'y parvenait pas. Roméo se murait dans le silence ou alors balayait chaque remarque embarrassante de « ouais… ouais » excédés. Il aimait pourtant beaucoup mon frère, même s'il ne l'accompagnait plus dans ses sorties. Plus de cinéma à Dijon, encore moins de pêche dans l'Agon. J'avais parfois l'impression que Roméo regrettait plus de perdre l'amitié de Léopold que la mienne. Il ne l'avouait pas, mais les études de droit de mon frère l'impressionnaient. Qu'il ait une voiture et un logement à Dijon l'impressionnait aussi.

– Dans trois ou quatre ans, je serai avocat, affirmait Léopold. Un grand avocat, comme ceux qui deviennent célèbres parce qu'ils défendent des criminels abominables.

Roméo ouvrait de grands yeux admiratifs. Son admiration baissa d'intensité le jour où mon frère précisa ses rêves.

– Juju, tu deviendras un grand médecin, une spécialiste reconnue et recherchée et nous formerons le duo le plus célèbre de France… heu, en tout cas de Sponge.

Le rire de Léopold ne redonna pas d'éclat aux yeux de Roméo. Son visage affichait l'air buté que je n'aimais pas. La jalousie ?

Mon frère ne se contentait pas de détester Odabe et ses poissons pilotes. Il avait peur d'eux. Il me mit en garde.

– Ne t'approche pas de ces crotales, ma Juju. Tout ce que tu leur diras ne servira pas à grand-chose. Je crains que la couche de bêtise qui les recouvre soit trop épaisse.

Je défendais Roméo.

– Il n'est pas comme eux ! Comment peux-tu le comparer à un serpent ? Il n'a pas eu autant de chance que nous, alors c'est facile de distribuer des conseils. Nos voisins n'ont pas d'argent… Son père se conduit de façon bizarre, il encourage Roméo à fréquenter ces idiots, il les reçoit chez lui. C'est à lui que tu devrais donner des conseils.

Je bégayais d'indignation. Léo leva une main pour stopper le torrent.

– Je sais tout ça. Tu as raison : la plupart des mecs qui gravitent autour d'Odabe sont sans boulot, sans argent, etc. Ils n'ont pas notre chance, OK. Mais de là à tenir certains discours ignobles, il y a de la marge. De là à n'avoir que la haine des autres comme carburant de vie, il y a aussi de la marge. S'inventer ce surnom de Punchskin en dit long sur l'état des neurones du gourou.

Si j'insistais, Léopold se fâchait.

– La connerie a des limites ! On ne peut pas excuser sans cesse n'importe quoi ! Toi, tu es amoureuse de Roméo, même si tu prétends le contraire, et tes sentiments te bouchent les yeux et les oreilles !

Pourtant, malgré nos disputes, mon frère me proposa un dimanche après-midi d'entrer dans le bar L'Escale. Il prit cette décision parce que nous avions découvert, avec ahurissement, la nouvelle tenue vestimentaire de Roméo. Il s'en allait travailler à Sponge. Antoine était venu le chercher en scooter. Un pantalon kaki, serré aux hanches et aux fesses, muni d'immenses poches sur les côtés. Un simple T-shirt, alors que la température frôlait à peine les dix degrés. Dans le dos, une tête de mort. Sur la poitrine, un rapace posé sur un globe terrestre. Tout était très laid. Les cheveux de Roméo n'étaient pas rasés comme ceux des jumeaux, mais coupés si court qu'il n'était plus très loin de la boule à zéro.

Roméo m'aperçut. Contrairement à Léo, planqué derrière la haie, je ne me cachais pas. Il m'adressa un signe de la main.

– Tu viens au ciné ce soir, à Sponge ? Je ne travaille pas.

Une invitation de Roméo était rare. J'aurais dû l'accepter, me montrer enthousiaste, parler du film... Pourtant, durant une fraction de seconde, je m'imaginai assise près de lui, dans l'unique cinéma de Sponge. Assise à côté de ce pantalon de parachutiste et de la tête de mort du T-shirt.

Un frisson me parcourut. « Tu auras l'air de quoi ? » me souffla une petite voix méchante.

La suffisance de Roméo m'agaçait. Il attendait ma réponse, certain qu'elle serait un « oui » impatient. Il semblait très fier de son T-shirt. D'ailleurs, il se tourna et retourna et dit :

– Mon nouveau look te plaît ?

Il ajouta une stupidité à ce constat prétentieux.

– En général, les filles adorent. Ce soir, au ciné, tu feras des jalouses.

Le moteur du scooter ronfla. Antoine trouvait le temps long. Emporter son presque clone à l'arrière de son engin le démangeait. Il s'adressa à moi.

– Hé, plus tard les roucoulades, d'accord ma belle ? On nous attend.

Je m'avançai jusqu'au portail de notre cour afin que Roméo m'entende bien.

– Tu es trop moche, « Romé ».

Une pause lui accordant le temps d'apprécier ce « Romé » ironique. Puis ma méchanceté poursuivit son chemin :

– Ce soir, je travaille au lieu d'aller au cinéma. Figure-toi que je passe le bac.

Je reculai de quelques pas et ajoutai :

– Les filles qui adorent une tête de mort sur un T-shirt doivent être moches. Moi, en tout cas, je ne suis pas « les filles ». Dragues-en une ce soir, puisque tu en as tellement envie.

Le scooter s'éloigna de la Petite France. J'entendis le rire d'Antoine.

L'Escale était un café agréable et moderne. Il disposait d'une vaste salle claire équipée de tables bleues et d'un grand comptoir dont le bois roux brillait sous l'éclat de nombreuses lumières colorées mais douces. Il se dégageait de l'endroit une impression de confort et de sérénité.

Une fausse impression.

Les clients étaient rares ce dimanche après-midi. Il n'y avait que des hommes, tous jeunes, la trentaine ou beaucoup moins. Je reconnus les jumeaux, installés derrière le bar, comme s'ils étaient des employés, ainsi que

Lionel-Brutus et Rémi. Six ou sept autres types buvaient des bières. Roméo essuyait des verres. Ma présence et celle de Léo ne parut pas l'enthousiasmer.

– Juliette ? Pourquoi tu es là ? Il y a un souci à la maison… mon père…

Une voix frémissante et des mots précipités qui cachaient l'embarras. Léopold s'assit à une table. Je choisis la chaise en face.

– On voulait voir où tu bosses, annonça gentiment Léo. Ça semble sympa.

Rémi s'exclama :

– Ouais, la chance, on a la visite de la Belle au bois dormant !

Brutus rejoua son rôle préféré. Bras tendu et « *Sieg Heil*, ma jolie ». Léo pâlit. Murmura entre ses dents : « Ça commence bien. » Roméo abandonna les verres, traversa la salle et vint m'embrasser. Il effleura mes lèvres d'un rapide baiser, ce qu'il ne se permettait jamais en public, puis il tendit un doigt vers Brutus et Rémi.

– Un conseil, oubliez vos vannes pourries.

Il posa une main sur l'épaule de mon frère.

– Vous êtes mes invités. Pas de souci, le patron est absent. Léo, tu peux vider le tonneau de bière. Juju, je t'offre quoi ?

– Rien… si… un Coca.

– Excusez-moi si je ne m'assieds pas avec vous, mais j'ai un boulot de dingue. Ce soir, il y a une réunion dans l'arrière-salle et je dois la préparer.

Son regard balaya la salle du café. Un sourire.

– Chouette, hein, ici ? Je suis bien tombé. Bon, à plus tard si vous restez un moment.

Sa voix trébucha à la fin. Roméo n'avait guère envie que « nous restions un moment ». Léo et moi ressentions une sorte de malaise. Une ambiance tendue qui nous informait que nous n'étions pas à notre place à L'Escale. Nous dérangions. Les buveurs de bière parlaient doucement et nous lançaient des coups d'œil furtifs. Mon frère voulut rompre ce climat pesant.

– Ils te matent, Juju. C'est dingue les ravages que fait une jolie fille auprès de buveurs de bière.

La plaisanterie sonna faux. Le malaise s'accrut pendant que nous attendions nos consommations. Même les jumeaux qui aidaient Roméo ne se parlaient plus. Roméo lorgna notre table. Il ne souriait pas. Soudain, je découvris un dessin au fond de la salle, sur un pan de mur. Un rapace noir, aux ailes déployées, tenait un globe terrestre entre ses griffes.

– Léo !

Il leva la tête, suivit mon regard, murmura un « merde » de stupéfaction. L'aigle du T-shirt de Roméo, en plus réussi, mais la correspondance était évidente. Nos yeux s'habituèrent à la distance et à la poche d'ombre qui assombrissait le fond de la salle. Autour du rapace, on distinguait des nombres eux aussi peints en noir. 88.

– C'est quoi ces 88 ?

– Je ne sais pas, répondit Léopold. En tout cas, cette déco est super moche et bousille le coup d'œil.

Antoine nous servit nos consommations. Je détestais lui parler, mais cette sarabande de 88 m'intriguait.

– Pourquoi le mur est couvert de 88 ?

Antoine ne regarda pas le fond de la salle. Il se contenta de sourire, repartit vers le bar en disant :

– Le 8 représente la huitième lettre de l'alphabet.

– Il se fout de nous, Léo ?

Mon frère reposa son verre de bière. Il le repoussa et marmonna entre ses dents :

– Le huitième lettre de l'alphabet est un H.

– Et alors ? À quoi ça rime ?

Mon frère parla si doucement qu'il dut répéter :

– H et H, petite sœur, signifie *Heil Hitler*.

Comme je semblais ne pas comprendre, Léopold parla plus fort.

– J'ai lu des articles de presse là-dessus. 88 est le nombre fétiche des crétins qui continuent d'admirer Hitler des millions de morts plus tard. L'aigle est aussi un décor nazi, très apprécié des SS ainsi que la tête de mort, la *Totenkopf*. Juju, nous sommes dans le repaire d'une bande de dangereux imbéciles.

Hitler.

La *Totenkopf* du T-shirt de Roméo.

Je tournai la tête vers le bar. Antoine parlait à son frère et à Roméo. Ils parlaient de nous, c'était évident.

– Je déteste être ici, Juju. On s'en va.

Il n'eut pas le temps de repousser sa chaise ni surtout celui de me sortir de l'état dans lequel je me trouvais. Mon cerveau touillait des mots. *Adolf Hitler. Nazis. Aigle. Nombre fétiche. Dangereux imbéciles.*

Le nom de Roméo se glissa entre eux.

Les jumeaux étaient maintenant près de notre table, ce qui nous empêchait de partir.

– On s'assied cinq minutes avec vous puisqu'on vous connaît, annonça Luc. Pour une fois, on se parlera au lieu de s'adresser des signes à travers la route quand on est chez Roméo. Vous aimez L'Escale ?

Ils choisirent des chaises avant que nous puissions réagir. Antoine leva un bras et dit :

– Brutus, radine-toi. Depuis le temps que tu rêves de parler à une jolie fille, c'est l'occase.

Lionel-Brutus s'installa à son tour. Il n'avait pas oublié de transporter son demi de bière qu'il vida avant de s'asseoir. Il posa le verre sur la table avec brutalité et ricana.

– Je ne vais pas en commander un autre au garçon, il refuserait en me disant que j'ai assez picolé. Est-ce que tu sais ma jolie que ton mec n'est pas un rigolo ?

– Commence pas, Brutus, intervint Antoine.

Je dégainai un sourire que j'espérais empoisonné.

– Moi, je suis différente. Au contraire de Roméo j'aime rire et vous me faites rire tous, déguisés comme vous êtes. Un nom comme Brutus, ça doit même faire rire les canards qui nagent sur l'Agon.

– Hé, ho, ma jolie…

– Je m'appelle Juliette.

– On se calme, hein ! dit Luc. Alors comme ça, vous entrez à L'Escale parce que nos idées vous intéressent ? Roméo vous a convaincus ?

– Convaincus de quoi ? riposta mon frère, d'une voix agressive.

Antoine tapota la table de deux doigts impatients. Un sourire ironique appuyait le geste.

– De rejoindre le groupe de la Jeunesse française révolutionnaire qui se constitue à Sponge.

Il me fixa, tendit l'index de la main droite vers moi, avant de poursuivre, mais son frère qui n'avait pas compris l'ironie de la proposition, le coupa :

– Ben ouais, une jolie meuf préparant avec nous « l'Aube nouvelle » de la France, ça attirerait un paquet de militants.

Je lui décochai le sourire que je travaillais dans mon club théâtre du lycée. Un sourire doux, encourageant, le sourire d'une fille draguant un garçon. Il se laissa piéger et me fit un clin d'œil, puis devint pivoine quand il entendit mes propos.

– C'est quoi une meuf ? Une vache dans un pré ? Si vous parlez de moi, ça ne marchera jamais entre nous : je n'apprécie que les garçons polis, parlant un français correct.

Je déteste les gens moches comme vous, moches de l'extérieur évidemment, mais aussi de l'intérieur.

Je me forçais pour aller jusqu'au bout de ma tirade. J'avais peur. Léo éclata de rire.

– Bravo, Juju !

– Hé ! Hé, toi, tu vas où ? Comment tu t'adresses à moi ? s'exclama Luc.

Son frère éclata de rire lui aussi.

– Tu l'as cherché, frangin. Tu dois respecter la copine de Roméo, on était tous d'accord là-dessus.

Les regards se portèrent vers le bar. Roméo ne lavait plus les verres. Il écoutait. Les autres écoutaient aussi. Notre table devenait l'enjeu de quelque chose, un quelque chose qui m'échappait. Une épreuve de force ?

Brutus n'avait rien dit. Il écoutait, mais ses sourcils noirs se fronçaient comme si son cerveau essayait de traduire une langue étrangère. Léopold se tourna vers lui. Il montra le mur tagué d'un aigle et des nombres 88. Mon frère, sans perdre son sérieux, lui demanda :

– Brutus… j'adore ce nom si original. Tu sais qui était Brutus ?

– J'avais un berger allemand que mon père appelait comme ça, coupa Lionel-Brutus.

– J'y crois pas, murmura Léo, ses yeux ouverts grand comme des portes-fenêtres.

Les commissures de ses lèvres se crispaient. Il faisait tout ce qu'il pouvait pour ne pas hurler de rire. Je toussai, à m'étrangler, afin de créer une diversion et permettre à mon frère de poursuivre son interrogatoire ironique.

– Je comprends. J'ai eu un berger allemand aussi, autrefois. Ton vrai nom, c'est Lionel, hein ? Les 88 sur le mur, c'est pas bizarre une déco avec des nombres ?

Brutus se leva. Claqua les talons. Tendit le bras droit.

– *Heil Hitler !* Voilà pourquoi des 88.

– Ferme-la, Brutus, tu veux ! s'énerva Antoine. Léopold, je t'expliquerai un jour pourquoi le patron a décoré un mur avec des 88. Je te raconterai ça quand tu auras rejoint la Jeunesse française révolutionnaire.

– Ouais, ben que ces deux-là aillent se faire voir ailleurs, gronda Luc. Meuf de Roméo ou pas, je m'en fous, je dis ce que je veux quand je veux et j'aime pas qu'on se foute de ma gueule.

Brutus s'était rassis. Il approcha sa chaise de la table, puis inclina le buste vers nous, comme s'il s'apprêtait à délivrer un secret.

– Le troquet que Punchskin avait à Dijon s'appelait Le Jeanne d'Arc. Dommage qu'ici ce soit L'Escale, j'aime moins, parce que Jeanne d'Arc elle a foutu les Anglais dehors et nous, à la JFR on se prépare à flanquer dehors tous les métèques qui nous sucent le sang.

Antoine et Luc souriaient. Leur sourire encouragea Brutus. Le visage de Léo était blanc, le mien rouge de honte. La honte d'être là. La honte d'aimer Roméo qui travaillait là et qui avait Brutus et les jumeaux comme copains.

J'étais paralysée. La peur me nouait le ventre. Ces garçons étaient des malades.

Brutus toucha l'épaule de mon frère. Léo tressaillit et s'ébroua comme un chien qui sort de l'eau. La main de Brutus s'éloigna, à regret. Il ne comprenait pas la réaction de Léopold.

– Il me vient une idée, mais ce serait sans ta sœur, ce truc-là convient pas aux filles. Voilà… Roméo termine son boulot dans deux ou trois heures et on a prévu d'aller à la chasse aux boucaques à la nuit tombée. Si tu veux, tu nous accompagnes comme ça tu comprendras mieux où on veut en venir qu'avec du bla-bla-bla.

– La chasse aux boucaques ? s'étrangla Léo.

– Putain, ferme-la, Brutus ! s'exclama Antoine.

Brutus se hérissa.

– Quoi, quoi, quoi ? Je t'emmerde, Antoine. Tu te prends pour Punchskin ? Je dis ce que je veux.

Son regard revint vers Léopold.

– On fout une branlée à un ou deux boucaques, si on en rencontre qui traînent dans le coin. Les bougnoules et les macaques, les négros quoi, tu piges maintenant, bou… caques, quoi c'est pas sorcier à comprendre.

J'étais debout. Je retenais mes larmes. Surtout ne pas pleurer devant eux. Je parvins à dire : « Viens, Léo. » Roméo n'était plus derrière le bar. Mon frère se leva à son tour. Il fixa Brutus.

– Pauvre connard au cerveau fêlé. La chasse aux… Tu me donnes envie de vomir.

Il y eut un silence de deux ou trois secondes. La haine de Brutus nous rattrapa alors que nous approchions de la porte. Son rire épais empaquetait les mots.

– Hé, tu serais pas pédé, toi, le blondinet ? Je crois bien que si. Ben, on foutra aussi les pédés à la poubelle, dis-toi ça et je m'occuperai de toi en priorité, compte dessus, pédé de mes deux.

QUATRIÈME RÉCIT DE ROMÉO

Je travaillais pour Punchskin au café L'Escale. Ça me plaisait. Je n'avais pas grand-chose à faire, sauf quand se tenait une réunion dans l'arrière-salle. La quinzaine de types qui venaient ces soirs-là s'enfilaient bière sur bière et la propreté n'était pas leur souci principal. J'étais l'employé qui nettoyait : mégots de cigarettes écrasés, verres cassés, renversés. Le lendemain, le sol était aussi poisseux que si s'était déversé du sucre fondu.

Il ne venait que des hommes. Ils semblaient incapables de s'exprimer autrement qu'en braillant à travers le nuage de fumée des cigarettes. Je servais les consommations, préparais les sandwichs, débarrassais les tables, ce qui ne me laissait pas le temps d'écouter ce qui se disait. J'entendais à peu près toujours les mêmes discours, ponctués de rires ou de cris de colère. Le seul qui retenait mon attention, dès que le service le permettait, était Odabe. D'abord, c'était mon patron et il aimait qu'on l'écoute. Puis, les jours de réunion, il se comportait d'une façon différente. Il changeait de vêtements. Il portait toujours un costume noir, mais pas le costume ordinaire des jours ordinaires. La veste devait coûter une fortune. J'avais vu le nom d'un grand couturier. Le pantalon, plus sobre, sortait probablement de la même maison. La chemise blanche était impeccable. Un foulard de soie noire, très long, fermait le col ouvert. Les pans glissaient sur le ventre, sous la veste qui demeurait déboutonnée. Le chapeau impressionnait tout le monde. Moi surtout. C'était un magnifique feutre noir, cerclé d'un large ruban violet. Punchskin le gardait quand il parlait. Les jours de réunion, il venait à L'Escale toujours habillé de cette façon, quelle que soit la température extérieure. Contrairement aux autres, il s'exprimait lentement, sans brailler et il se faisait entendre. Le bruit cessait. La salle se taisait. On écoutait Odabe. Il parlait bien, sans notes, mais rien n'était improvisé. Ses discours étaient préparés. Je le savais puisque je le surprenais, avant les réunions, avec un carnet et un crayon. Il s'installait dans une sorte de petit bureau logé près d'un escalier qui menait à l'étage. Je l'entendais prononcer des mots, des phrases entières, les reprenant afin de placer la voix là où il le fallait. On aurait dit un acteur répétant son texte. Pourtant, texte appris par cœur ou pas, je l'écoutais en éprouvant une sorte de fascination. Tout ce que j'entendais me semblait plein de bon sens quand Punchskin le déclamait, à onze heures du soir, alors que L'Escale était plongé dans la nuit, mais le lendemain, quand je me rappelais ses propos, je les trouvais souvent ridicules. Un médiocre théâtre. Je ne trouvais pas tout ridicule. Certaines phrases faisaient mouche. La salle, à la fin, applaudissait et criait. Un soir, Punchskin me mit en scène. Il parlait. On l'écoutait en silence, presque avec respect. Je m'étais brièvement assis au fond de la pièce, profitant d'un instant de répit dans mon travail.

– Il n'y a pas de logements décents pour nous Français, disait Odabe, mais il y en a pour les étrangers. Toujours. Il n'y a pas de travail pour vous ? Si vous vous appelez Moussa ou Mohamed, on vous trouve aussitôt un job. Pire même, vous pouvez perdre votre boulot parce que Mohamed acceptera de bosser pour un salaire plus bas…

Punchskin reprit sa respiration. Il se racla la gorge. Il semblait hésiter, chercher quoi dire. Peut-être avait-il oublié son texte ? Son regard se promena dans la salle et s'arrêta sur moi. Il me désigna.

– Roméo est bien placé pour vous en dire davantage sur ce sujet. Son père a dû vendre son épicerie pour une bouchée de pain. Pourquoi, à votre avis ?

Il se tut. Les regards, tournés vers moi, attendaient mon explication. Ne me venait en tête que la réflexion désabusée de mamie Costancia : « J'ai bien peur, Roméo, que ton père ne soit pas très courageux. Au lieu de travailler à l'épicerie, d'essayer de sauver ce qui pourrait l'être, il préfère bricoler dans sa maison. »

Je ne confiais pas ce jugement de mamie aux quinze types présents qui attendaient que je livre le nom d'un coupable afin de le huer. Punchskin, constatant mon manque de réaction, reprit la parole :

– Roméo ne vous le dira pas. Il a trop honte. Il est trop en colère. Comme tant d'autres, Serge Lopez s'est fait avoir. L'Arabe, qui tient l'épicerie L'Oasis, a étranglé le père de Roméo.

Des sifflets, interrompus par des injures, se firent entendre. Odabe imposa le silence en levant la main droite.

– Un assassinat, exactement, oui. L'Arabe ouvre tous les jours, tard dans la nuit et allez savoir ce qui se trafique la nuit à L'Oasis. Évidemment, il peut se le permettre avec sa tribu qui défile là et assure l'ouverture sans que les autorités interviennent pour interdire ces pratiques plus ou moins illégales. Elles font le contraire. Elles les encouragent parce que les Arabes ont tous les droits. Comment Serge, seul, aurait-il pu ouvrir son commerce vingt-quatre heures sur vingt-quatre, comme eux ? Impossible, donc il est mort étouffé et aujourd'hui il n'y a plus que les Arabes comme épicerie de quartier et ils continuent à nous baiser.

À nouveau des sifflets et des cris. Une voix submergea le vacarme :

– Pourquoi on les jette pas à la mer, les Arabes ?

Punchskin leva le bras.

– Tu as raison, Kévin. On s'occupera sérieusement de L'Oasis une prochaine nuit.

Applaudissements.

Je me sentais un peu mal à l'aise, même si mon père attribuait aussi sa déconfiture à L'Oasis. Pourtant, je savais que la disparition de l'épicerie des Arabes ne ressusciterait pas la sienne. Je me souvenais d'une de ses réflexions répétées si souvent :

– Je ne vais sûrement pas passer ma vie à vendre des petits pois ou des boîtes de camembert.

Je repris mon service. En desservant la table des jumeaux, j'eus droit à une remarque acide de Luc. Il me retint par le bras.

– Punchskin pousse un peu avec L'Oasis qui a coulé ton pater. Serge, il n'a jamais trop eu envie de bosser. Il t'a dit que mon père lui a proposé un travail à la cartonnerie ?

Je hochai la tête d'une façon ambiguë, qui signifiait aussi bien « oui » que « non ». Luc m'asséna le coup de grâce.

– Serge a refusé le boulot en disant qu'il n'allait pas passer sa vie à fabriquer des conneries de plaques de carton.

J'appris donc que mon père ne consacrerait sa vie ni aux petits pois ni au carton, mais j'ignorais toujours ce qu'il comptait en faire.

J'aimais mon travail. Il n'était pas trop fatigant. L'Escale était peu fréquenté, en dehors de la bande à Punchskin. Manifestement, Odabe s'en moquait. Il avait de l'argent, en tout cas semblait en avoir assez pour ne pas se soucier de la réussite du bar de Sponge. Ses ressources venaient d'ailleurs. Personne ne posait la moindre question à ce sujet et moi encore moins que les autres quand Punchskin me tendait l'enveloppe contenant mon salaire en liquide. Je la donnais à mon père le soir même et lui non plus ne se souciait pas de la provenance des billets. Il ne s'inquiétait pas davantage de l'absence de fiche de paye. À la fin d'avril, je me permis une remarque, accompagnée d'une grimace, alors qu'Odabe fourrait l'enveloppe coffre-fort entre mes mains avides.

– Que je sois payé ainsi ça ne craint pas trop ? Si les flics qui boivent une bière ici de temps en temps se montrent curieux et me demandent…

Il m'interrompit en me flanquant un coup de poing dans le ventre, un geste faussement amical qui me fit mal. Il riait.

– Les flics, Roméo ? Tu es un grand naïf, toi. Tout le monde se fout de la façon dont tu es payé et les gendarmes comme les autres. Ils m'ont à la bonne.

C'était vrai. Deux gendarmes fréquentaient de temps en temps L'Escale, « pour terminer notre ronde de surveillance », comme ils disaient. Ils rigolaient et s'exclamaient :

– Un contrôle, monsieur Odabe. Tout va bien ? Pas de désordre à signaler ?

J'avais entendu l'un d'eux s'adressant à Punchskin au moment de leur départ.

– Fais gaffe, Punch. Joue quand même pas trop au con en ville. Les gens de Sponge aiment le calme et n'ont pas envie qu'on parle d'eux dans les journaux.

Pourtant, les jumeaux et moi, accompagnés de quelques autres, nous jouions de plus en plus souvent « aux cons » et j'aimais de plus en plus ces jeux-là. L'excitation. L'impression d'être quelqu'un. Tout me plaisait à L'Escale. Un travail peinard. Les enveloppes gonflées de billets de cinquante euros. Et les virées avec la bande.

Au début, je racontais mes exploits à mon père. Il approuvait d'un hochement de tête et commentait d'une ou deux phrases, à peu près toujours les mêmes :

– On n'a pas été chercher les rastaquouères. Quand ils partiront de chez nous tout ira mieux.

Je ne me rendis pas compte que mon père m'approuvait de moins en moins. Le commentaire disparut. Il se contentait d'un maigre mouvement du menton puis celui-ci disparut à son tour. Le lendemain de ma première nuit passée dans une cellule de l'Hôtel de police de Dijon, mon père dit :

– Romé, maintenant y en a marre des conneries. Tu arrêtes s'il te plaît.

C'était trop tard. J'aimais les conneries. Et c'était de sa faute.

Ce sont les jumeaux qui m'entraînaient la plupart du temps dans ce qu'ils appelaient des « virées ». Brutus les accompagnait toujours. Brutus ne travaillait pas et n'avait pas l'intention de travailler. Il levait le bras droit, beuglait « *Sieg Heil* » et déclarait :

– Pourquoi je bosserais ? Si je perds ma vie en allant au taf tous les matins, comment j'aurais assez de force pour préparer la révolution ?

Il bandait ses biceps maigrichons, les frappait de claques sonores et probablement douloureuses, puis :

– De l'acier ça, pas des bras de tapette.

Lionel-Brutus nous faisait rire. Oui, au début, cet abruti dépourvu de cerveau m'amusa. Pourtant, Punchskin, qui encourageait nos « virées », m'avait mis en garde.

– Ne traîne pas trop avec Brutus. Son QI est inférieur à celui d'un moineau malade. Il est capable de nous attirer des ennuis avec les flics. Il n'y a que moi qui le tiens en laisse.

La principale fierté d'Odabe se trouvait là : qu'on le craigne. Qu'on lui obéisse. Il répétait qu'une troupe devait avoir un chef et obéir à ses ordres sans poser de questions.

– Les SS ont fait du bon boulot en Allemagne parce qu'ils étaient les esclaves consentants de leur chef, Himmler.

Personne ne réagissait. Le visage de Punchskin s'illuminait. Sa troupe d'esclaves approuvait ses propos.

Nos « virées » s'opéraient loin de Sponge. Dijon. Les villages environnants. Plus loin même, dans les petites villes du département.

– On est trop connus et repérables ici, déclarait Antoine. Si quelqu'un nous voit, les keufs ne pourront pas faire autrement que de nous coincer.

Il avait raison. Sponge nous connaissait de plus en plus. Me connaissait de plus en plus et ça me rendait fier. Oui, fier, je dois l'admettre, même si je me rends compte aujourd'hui combien j'étais lamentable. Lorsque nous descendions la rue principale de Sponge, les jumeaux et moi, ou avec d'autres de la bande de Punchskin, les passants nous cédaient le trottoir. Je lisais la crainte dans leurs regards et devinais les mots qu'ils retenaient : « Attention, les skins ! Les voyous ! » Ça m'était égal. Je ressentais une impression de toute-puissance. Brutus hurlait de rire. Il commentait, à l'aide du maigre vocabulaire dont il disposait :

– Putain, quels trouillards ces trouducs !

Luc approuvait.

– Pas étonnants que les métèques soient les rois du pétrole chez nous, si nous les Français on a peur de tout.

Je ne prêtais aucune attention à Joël, le seul de la bande qui affichait son désaccord quand nous effrayions les gens. Nous allions au parc Albert-Camus. Il faisait beau. Les bancs étaient tous occupés. Des vieilles personnes, des femmes avec des enfants. Des collégiens, surtout des filles. Le « jeu » consistait à chasser les gens de leur banc.

– On est fatigués, on doit poser nos fesses, annonçait l'un d'entre nous, en affichant son sourire le plus carnassier.

La bande entourait le banc. Nos regards clonaient ceux des méchants dans les films policiers.

– Et pas dans deux heures, précisait Brutus. On a besoin de ce banc illico presto, si vous voyez ce que je veux dire.

Les personnes partaient. Toujours.

– Foutre la trouille à des vieux, à des collégiennes ou des gosses quand on est une bande de mecs, c'est facile mais débile, protesta Joël. Les conneries de ce genre-là me déplaisent. Mon grand-père vient au parc de temps en temps et si…

Il ne termina pas sa phrase, mais il ne participa plus à nos « virées » dans les rues de Sponge.

Les jumeaux nous procuraient les bombes de peinture. Ils nous procuraient tout ce dont nous avions besoin, parce qu'ils avaient de l'argent, des scooters pour se déplacer et du temps libre. Je ne parlais jamais de l'arsenal entreposé dans leur grenier et ni Odabe ni eux ne l'évoquaient. J'étais à peu près certain qu'ils l'utilisaient de temps en temps, pour des séances de tirs en forêt.

– Cette nuit, virée tags, annonçait Antoine.

C'était presque toujours lui qui décidait. Luc approuvait.

– Rendez-vous devant les anciennes usines Tolco, à Dijon. Ils ont nettoyé les murs la semaine dernière, du coup on aura plein de place pour s'exprimer.

Ils m'emmenaient sur leur scooter. Brutus transportait les autres amateurs de « virées » nocturnes dans la voiture de ses parents, qu'il pilotait sans permis de conduire.

– Si tu as un accident ?

Je lui posais la question en me jurant de ne jamais grimper dans la Peugeot de Brutus.

– J'en aurai pas. Au volant, je suis meilleur qu'un champion de Formule 1.

Je songeais aux bières qu'il ingurgitait. J'insistais :

– On ne sait jamais, surtout la nuit. Un coup de pompe et voilà.

– Je m'en fous.

Il me fixait, adoptant son air de crétin borné refoulant une question embarrassante, puis il clôturait la conversation en ajoutant :

– Si j'écrase un juif, ça en fera toujours un de moins.

Je détestais ce genre de remarque imbécile, pourtant je ne protestais pas et je ne le traitais pas d'imbécile. Je haussais les épaules et lui tournais le dos. Je protestais de moins en moins et me laissais de plus en plus entraîner par le courant mauvais de la rivière.

Bientôt, il n'y eut plus que les yeux inquiets de Juliette qui me culpabilisaient. Elle ignorait ce que nous faisions pendant ces « virées », mais elle voyait les jumeaux ou Punchskin chez moi. Ils venaient, m'emportaient, me ramenaient. Elle me demandait parfois où nous allions et dans quel but. Je restais vague, lui parlais du lycée, de ses études. Elle oubliait aussitôt sa curiosité.

L'usine Tolco offrait des centaines de mètres carrés à taguer. C'était sans risque. Elle se trouvait à l'extérieur de la ville, au bord d'une longue avenue rectiligne, si bien qu'une voiture de police pointant son nez était repérable de loin.

– Cette nuit, Punchskin demande qu'on écrive ou dessine des trucs utiles, clairs, bien visibles. Il faut que les conducteurs des bagnoles puissent les lire demain matin en allant à leur boulot, déclara Antoine.

Les jumeaux servaient de courroie de transmission entre Odabe, le chef, et sa bande. Il parlait rarement de nos « virées » aux autres.

– Je ne veux pas savoir ce que vous branlez la nuit, les gars. Je sais que ce que vous faites sert la cause, mais moins j'en saurai, mieux ce sera pour tout le monde en cas de pépin.

En dehors des dessins – surtout des croix gammées et des têtes de mort, mais nous étions libres d'en inventer d'autres – les slogans étaient toujours les mêmes. Nous manquions d'imagination. Ça m'était égal. Ce n'était pas ce que je peignais qui me plaisait. C'était l'excitation. L'adrénaline. Le danger. Si les flics nous surprenaient, il faudrait fuir.

J'oubliais les mots et m'appliquais comme les autres à écrire ce que je ne prononcerais jamais devant Juliette et Léopold. *Les arabes dehors, les juifs dehors, les noirs dehors, les roms dehors. La France aux français. Les français d'abord.* Parfois, malgré les notes inscrites sur sa feuille, Brutus faisait des fautes d'orthographe.

Une nuit de « virée », Joël plaisanta :

– Si on continue, il ne restera plus grand-monde.

Cette nuit-là, il tagua dans son coin, loin de nous. Il s'était octroyé un wagon d'un long train de marchandises, rangé sur une voie de garage. Nous découvririons le résultat en rôdant près de la voie ferrée le lendemain. Joël avait écrit deux colonnes entières, sans la moindre faute.

Les vieux, dehors.

Les jeunes, dehors.

Les gros, dehors.

Les maigres, dehors.

Les rouquins, dehors.

Les chauves, dehors.

Les grands, dehors.

Les petits, dehors.

Il y avait d'autres catégories. Une accolade figurait à côté des colonnes et nous lisions une inscription en lettres rouges.

Il ne restera plus que les cons et nous serons enfin entre nous.

Joël ne revint plus jamais à L'Escale.

– Il a déménagé, annonça Punchskin. Ça vaut mieux pour lui.

On dessinait des croix gammées, des sigles SS et SA, parsemant le tout de slogans : *la France restera française, vive la JFR, demain l'Aube nouvelle.*

À la longue, je trouvais ces « virées » lassantes. La police ne nous surprit qu'une fois, en train de taguer les bâtiments abandonnés des anciens abattoirs. Je passai une seconde nuit dans une cellule. Mon père vint me chercher le lendemain matin. Il conduisait la voiture le visage fermé, pendant que je lui racontais notre « virée » et la nuit au commissariat pour trois d'entre nous.

– J'en ai marre de tes bêtises, déclara mon père et pourtant je t'avais prévenu. Tu vas trop loin. Je n'ai pas envie de te récupérer chez les flics chaque fois que tu feras l'imbécile.

J'étais surpris. Je croyais que mon père serait satisfait de ce que je considérais comme un exploit. Punchskin nous affirmait : « Les gars, une nuit chez les keufs si vous vous faites prendre, considérez ça comme une médaille récompensant votre travail pour l'avènement de "l'Aube nouvelle". »

– Papa, tu étais d'accord. Avant, tu disais que les expéditions contre les... les rastaquouères... ils n'avaient que ce qu'ils méritaient.

– Avant, c'était avant, Roméo, mais là, basta. On est déjà assez dans le pastis comme ça, sans en rajouter.

– Mais...

– Maintenant, tu te tais, Roméo. Je conduis.

Il ne prononça plus un mot jusqu'à Sponge, ce qui me convenait. Je pensais à ma seconde médaille. Odabe me féliciterait. Je ne remarquais même pas que mon père m'appelait à nouveau Roméo et plus Romé. Une fois la voiture dans notre cour, papa en sortit, claqua la portière, puis désigna la maison de nos voisins.

– Inutile de raconter ton exploit nocturne à Juliette, elle sait tout. J'ai mis Brigitte au courant après le coup de téléphone des flics hier soir.

Mes voisins savaient tout, oui, je m'en rendis compte quelques heures plus tard. Brigitte, m'apercevant depuis son jardin, fit d'abord semblant de ne pas me voir. Je criai :

– Juliette a fini de travailler ? Je peux monter dans sa chambre ?

Elle était obligée de répondre.

– Non, elle est à Dijon chez une amie.

Ma voisine me tourna le dos et rentra chez elle. Au ton de la voix, je compris que Juliette était là, mais que, une fois de plus, sa mère se débrouillait pour que nous nous voyions le moins possible.

Après les murs tagués, il y eut les « virées » dans les cimetières. Je n'y participais pas. Les cimetières, la nuit, me terrorisaient. Je trouvais aussi que salir les tombes était obscène.

– T'es con, tu devrais venir, on se marre, déclara Brutus. On peint des croix gammées, des trucs comme ça.

Les « virées » dans les cimetières ne durèrent pas. Punchskin y mit fin :

– Pas de ça, les gars. Vos séances du samedi soir énervent la population et ce n'est pas le but. On ne touche pas aux morts. Je m'adresse particulièrement à toi, Brutus, compris ?

À la suite de cette intervention d'Odabe, se produisit une période sans sorties nocturnes ni balades d'intimidation dans les rues de Dijon ou d'ailleurs. L'Escale semblait hiberner. Plus de réunions. Les clients étaient de moins en moins nombreux et de plus en plus silencieux.

– Punchskin s'amollit, décréta Antoine. Il vient moins souvent à L'Escale. Il préfère rester avec ses copains de Dijon qui se démerdent mieux que nous à ce qu'il dit. Il nous prend pour des ploucs.

– Il croit qu'on est bons à rien, qu'on ne vaut pas ceux d'Aube nouvelle des grandes villes, précisa Luc.

– Il nous prend pour des pédés, voilà ! s'énerva Brutus. On n'a qu'à lui montrer que nous aussi on peut foutre le bordel ! Les jumeaux, puisqu'il paraît que vous êtes des intellos, vous n'avez qu'à trouver des idées et on y va sans demander l'avis de Punch.

Les jumeaux mirent moins d'une semaine pour dresser une liste d'idées. À partir de cette période, débuta une dégringolade qui s'acheva dans l'horreur.

Ce fut une nouvelle recrue, au nom ronflant, qui eut l'idée de s'en prendre à l'épicerie arabe. Il s'appelait Basile de Kèche. Le nom nous épatait. Le seul d'entre nous qui se moqua de son prénom, le premier jour, se retrouva expédié au tapis. Les genoux du colosse qu'était Basile s'enfoncèrent douloureusement dans sa poitrine jusqu'à ce qu'il accepte de présenter des excuses. De Kèche travaillait à Dijon, mais ne dit pas autre chose que : « Je bosse dans le commercial. » Il n'utilisait aucun de nos signes de reconnaissance : ni les vêtements, ni les tatouages, ni le crâne rasé. Il ressemblait à Monsieur Tout-le-monde. Il n'employait pas non plus nos mots ou nos expressions, sauf quand il était en colère.

– Dites, vos expéditions contre les…

Il cherchait notre mot. Nous étions rassemblés à L'Escale, au milieu d'un après-midi d'un mortel ennui.

– Les boucaques ? suggéra Rémi.

– C'est ça, admit Basile, en haussant ses fins sourcils presque décolorés, comme si le mot le consternait. Il se pressa le nez, puis :

– Je travaillais dans le coin l'autre jour et comme j'avais besoin d'une bouteille d'eau, je me suis arrêté à une épicerie boucaque.

– Ah, L'Oasis de l'Arabe, dans le quartier du Moulin, précisa Brutus.

– Exact. Il a une chouette vitrine, d'une belle surface. Aucun commerçant de Sponge n'en possède une aussi belle. Vous aimez lire l'inscription qui figure dessus ?

– Laquelle ? demanda Luc.

– Produits halal.

– Non, ça fait chier, reconnut Brutus, en vidant sa troisième bière en moins d'une heure. Le Mouloud, il peut faire ce qu'il veut et se foutre de notre gueule, le gouvernement protège sa smala.

– Le proprio s'appelle Mouloud ? demanda de Kèche.

– J'en sais rien. Ils s'appellent tous Mouloud ou Mohamed, de toute façon, répliqua Brutus.

Basile alluma une cigarette. Le briquet en or qu'il utilisa et qu'il conserva longtemps dans sa main nous épatait autant que son nom.

– Pourquoi ne pas lancer une expédition punitive contre L'Oasis, une prochaine nuit ? proposa Basile, en expédiant un nuage de fumée à la figure de Brutus. Vous n'êtes pas assez gonflés, les petits gars, comme le prétend Punch ?

La remarque ironique était pour nous un électrochoc. Je fus le premier à réagir, comme si je cherchais à venger la déconfiture de l'épicerie de mon père. En réalité, je ne pensais pas à mon père et encore moins à son magasin : je jouais le rôle de celui qui veut se montrer « le petit gars le plus gonflé de tous ».

– Pourquoi pas ? Puisque nous sommes assez nombreux, pourquoi ne pas organiser cette nuit une virée contre L'Oasis ?

Je songeais à une « virée » tags de la vitrine.

Basile de Kèche hocha la tête avant d'approuver.

– Bravo, Roméo. À dix-huit ans à peine, le gamin nous montre l'exemple.

La nuit même, aux alentours d'une heure du matin, pendant que la ville dormait, nous saccagions la vitrine de L'Oasis puis, ayant pénétré par l'ouverture, nous saccagions aussi une grande partie de l'intérieur.

Au retour, dans mon lit, je ne parvins pas à dormir. J'entendais mon père ronfler dans la chambre d'à côté. Je regardais la nuit étoilée, à travers la fenêtre ouverte. En face, la chambre de Juliette était encore éclairée. Elle travaillait. Elle préparait son bac. Je ruminais. Pendant que Juju préparait son avenir, moi je massacrais la vitrine de l'épicerie de Mouloud qui, je l'appris des mois après, ne s'appelait effectivement pas Mouloud mais Karim. L'article de journal que me donna le directeur du Centre éducatif fermé racontait : *Sponge. Suicide d'un commerçant endetté, Karim Segueni*... Je sortis de mon lit et descendis au rez-de-chaussée vomir dans les toilettes. Quand je remontai, papa, en pyjama, me cueillit dans le couloir.

– Tu as fait quelle nouvelle bêtise cette nuit, Roméo ?

Il n'attendit pas ma réponse et d'ailleurs je n'avais pas l'intention de répondre. Il me tourna le dos, regagna sa chambre et en claqua la porte.

Après la destruction de L'Oasis, il y eut...

C'est encore très difficile de le raconter, même maintenant.

Il était environ midi ce jour-là quand je terminai mon service à L'Escale. L'heure de l'apéritif, mais il n'y avait personne d'autre que la bande de Punchskin. Il était présent, lui aussi, devant préparer une réunion dans l'arrière-salle, « afin de remotiver la troupe », selon son expression. Un inconnu entra. Un Noir, âgé, aux cheveux grisonnants, portant une mallette de cuir roux. Il repéra le groupe, assemblé autour du bar, buvant les bières ou les pastis que je leur servais. Il hésita avant de refermer la porte. Odabe buvait de la vodka qu'il prenait dans une bouteille cachée sous le bar.

– C'est ma bouteille, les gars, pas touche.

Ce jour-là, j'avais surpris Punch dans l'arrière-salle, donnant un pistolet à Antoine.

– Tiens, reprends ton matos, je n'en ai plus besoin avant mon prochain entraînement, dans un mois.

Antoine rencontra mon regard affolé. Il enferma l'arme dans un sac de sport et me dit :

– Tu fermes ta gueule, Roméo.

Odabe m'observait de ses yeux aussi pointus que des clous. Il attendit que je détourne la tête, puis dit tranquillement :

– Pas de souci avec Roméo. On peut compter sur lui.

Il agita les mains, soupira.

– Je n'en dirai pas autant de Serge. Je ne sais pas ce qu'il a en ce moment, mais il m'inquiète. Ton père a des ennuis ? On dirait qu'il me fait la gueule.

Je répondis « non », puis je sortis et regagnai le bar. C'est alors que le vieux type entra, marquant une hésitation en découvrant la bande bruyante qui picolait. Il s'assit à une table, choisissant la plus éloignée. Punchskin et Antoine abandonnèrent leur complot de l'arrière-salle et revinrent vers nous.

Je m'apprêtais à prendre la commande du vieux, qui avait posé sa mallette sur la table, quand Odabe dit, très fort, utilisant la voix rauque qu'il utilisait dans les moments de tension.

– Voyez-vous ça ! Nous avons de la visite et pas n'importe laquelle. Le haut du panier, les amis.

Nos regards se portèrent sur le vieux à mallette. Punch se détacha du groupe et s'avança jusqu'à la table.

– Ici, on ne sert pas les Africains, dit Odabe.

L'homme se recroquevilla sur sa chaise. Brutus et les jumeaux rejoignirent Punchskin, dont les bras croisés et les jambes écartées, à la Mussolini, indiquaient un coup d'éclat.

– J'ai soif, je veux simplement une menthe à l'eau, dit le vieil homme.

– Oui, mais ici je suis chez moi, déclara Odabe, en détachant les mots, d'une voix faussement neutre. Et chez moi, je reçois qui je veux.

Antoine tenait un verre de pastis. Il le posa sur la table devant le vieux et dit, en regardant Punch :

– Soyons sympas et accueillants. Offrons-lui ce verre de pastis et après il s'en ira.

Il tendit un doigt vers l'homme.

– Tu peux boire peinard, je n'ai pas la gale. L'alcool t'ouvrira l'appétit. C'est l'heure de l'apéro et à L'Escale on ne boit pas des boissons de filles.

Le vieux esquissa une grimace de souris acculée qui demande grâce au chat.

– Je suis musulman, je ne bois pas d'alcool.

Odabe, qui ne disait plus rien, dévisagea les autres. Rémi et de Kèche se déplacèrent vers la table. Ils étaient maintenant sept à encercler le vieux Noir. Brutus interpréta le regard de Punch : « Vous avez le feu vert, les gars. »

– Tu t'enfiles le pastis, bonobo, et après je t'offre un whisky. Roméo, tu apportes un whisky et tu le mets sur ma douloureuse.

J'obéis.

Oui, j'obéis. Et je restai avec le groupe.

L'homme essaya de se lever. Antoine le repoussa du plat de la main et il retomba lourdement sur la chaise.

– Je ne cherche pas d'histoire, je veux m'en aller, annonça le vieux d'une voix mince.

– Tu bois d'abord, ordonna Luc.

– Non, pas d'alcool, ça m'est interdit par ma religion.

– Ta gueule, le bonobo, rugit Brutus. Putain, tu bois et tu te casses.

Odabe s'en alla. Il se retourna, sourit et dit :

– Bon, les gars je vous laisse, j'ai du boulot. Dégagez-moi le musulman vite fait dès qu'il a bu son apéro.

Il disparut dans l'arrière-salle. Brutus empoigna le col du polo que portait le vieil homme et tira.

– Dépêche-toi, connard ! Un pastis et un whisky, pas de quoi nous pondre un œuf d'autruche.

De Kèche se pencha, de façon à approcher son visage à dix centimètres de celui du Noir.

– On est sept, mon ami et si tu tiens à rester en forme jusqu'à ce soir, je te conseille de boire ce verre à notre santé.

– Non, dit l'homme.

Il se mit à pleurer. Des petites larmes qui suivaient le fossé des rides. Je pensai alors à ma grand-mère Costancia que j'avais vue si souvent pleurer.

– Vous pouvez me frapper si vous voulez, mais je ne boirai pas, dit le vieil homme.

Il leva la tête. Les larmes se tarirent. Il affronta nos regards.

– Putain, le pédé fait le malin, on aura tout vu ! brailla Brutus.

Je récupérai le verre de pastis et celui de whisky, les déposai sur mon plateau et dis :

– J'en ai marre de vos singeries ! Foutez-lui la paix !

Après…

Je ne me souviens plus de tout. Luc me surprit dans les toilettes, essayant de vomir. Quand je revins dans le bar, le vieil homme était parti. Les autres m'ignorèrent. Mon service se terminait une demi-heure plus tard. Rémi me rejoignit alors que je grimpais sur mon vélo.

– T'as eu raison d'intervenir, Roméo. On déconnait grave avec le négro, mais fais gaffe, Punch a pas aimé ta réaction.

Un horrible mal de ventre me cloua à la maison une grande partie de l'après-midi. Je vis Juliette rentrer du lycée. Sa mère s'en alla au volant de sa voiture. Elle tenait une permanence aux Restos du cœur tous les vendredis. Je traversai la rue et entrai dans la maison d'en face. Je parcourus le grand couloir qui s'arrêtait au pied de l'escalier desservant les étages. Je ne faisais aucun bruit. Je savais où était la chambre de Juliette.

QUATRIÈME RÉCIT DE JULIETTE

C'était la fin du mois de mai. Je passais mon bac dans quelques semaines. L'angoisse me nouait le ventre, même si j'étais une excellente élève, quasi certaine du succès, sauf accident. Mais je voulais davantage. Une mention Très Bien. Cet examen si proche me dévorait tout entière. Léopold plaisantait :

– Ma petite sœur espère devenir calife à la place du calife. Ceux qui tenteront de lui barrer la route risquent gros.

– Elle a raison, opinait ma mère, ajoutant parfois, d'une voix sarcastique : Ce n'est pas parce que toi tu te contentes de réussir ric-rac tes examens en fac de droit que Juju doit t'imiter. Ma fille est ambitieuse et j'en suis fière.

Ce vendredi de la fin mai, je rentrai tôt du lycée. Un prof absent. Léo était à Dijon. Maman était partie à Sponge s'occuper des Restos du cœur. Elle ne rentrerait qu'à la nuit tombée. Je bénéficiais d'une fin d'après-midi parfaite pour moi : des heures de travail sans entendre le moindre bruit, surtout l'horripilante musique de Léopold. Pas besoin de m'installer à table afin de manger jusqu'à la dernière miette l'excellent dîner que préparerait maman. Un yaourt et une pomme suffiraient. Et mes bouquins, mes bouquins, mes bouquins, le bac, le bac, le bac. Ce jour-là, il faisait très chaud. Je venais de prendre une douche. Liberté supplémentaire : inutile de m'habiller. J'étais en culotte et soutien-gorge. Le miroir de ma chambre me renvoyait une image agréable, même si j'essayais de modérer ma satisfaction. Plutôt une jolie fille, plutôt blonde, plutôt grande, plutôt mince…

– Les critères de tes magazines idiots, s'énervait Léo. Tu es maigre et tu ressembles à un manche à balai.

– Ton frère dit la vérité, approuvait maman. Tu picores au lieu de manger et ce n'est pas bon quand on prépare un examen.

Les regards des garçons du lycée – ceux des filles aussi – me prouvaient que j'étais jolie. Je m'en moquais. En cette fin mai, même les garçons ne m'intéressaient plus. Le bac, le bac, le bac.

J'étais donc ainsi à demi nue, installée derrière mon bureau, mon livre de philo ouvert au chapitre que je devais potasser. Stylo en main, fiches vierges prêtes. Je lisais la première phrase à voix haute, comme je le faisais souvent quand aucun bruit ne perturbait le silence de ma chambre.

– Le concept de liberté examiné à travers des textes de Jean-Jacques Rousseau et Jean-Paul Sartre.

J'entendis gratter à ma porte, dans le couloir. C'était un frottement impératif, semblable à celui que faisait mon chien Spirou quand il voulait entrer, mais Spirou était mort depuis longtemps. J'ouvris, pas très inquiète. Nous vivions à la campagne, dans un endroit calme.

– Roméo !

Je devins aussi rouge qu'une crête de coq, parce que j'étais en culotte et soutien-gorge. Une réaction assez stupide : Roméo me voyait chaque été en maillot de bain, couchée dans l'herbe devant la maison. J'oubliai vite ma pudeur. Le regard de Roméo me traversa, comme si je n'existais pas. Son visage était très pâle.

– Qu'est-ce que tu fais là ?

– Je peux entrer ?

Il entra, sans se préoccuper de ma réponse, se dirigea vers le lit et s'y installa. Il s'adossa au mur. L'attitude de quelqu'un qui se prépare à une sieste, mais ce n'était évidemment pas l'intention de Roméo.

– Ça ne va pas ? Tu as des problèmes avec… avec…

Je ne savais plus quoi dire tellement la présence de Roméo m'étonnait. Il leva la tête et parut enfin tenir compte de mon existence.

– Oui, j'ai des problèmes. Avec moi. Viens, s'il te plaît.

Il tapota le couvre-lit, près de lui. J'hésitais. Une fille presque nue et un garçon sur un lit…

– S'il te plaît, Juju.

Je me mis sur le lit. Roméo cessa de me regarder. Ses yeux fixaient le mur d'en face sur lequel j'avais punaisé une grande affiche montrant Mandela marchant dans une rue de Johannesburg. Il commença à parler comme s'il s'adressait à Mandela. Je sais maintenant qu'il n'aurait pas pu raconter en me regardant. Mandela était bien pratique.

– J'ai déconné, Juliette, et tout ce qui arrive est la faute de mon père.

Je ne comprenais rien. Qu'est-ce qui arrivait et quelle faute avait commise Serge Lopez ?

– Qu'est-ce que tu as fait ?

Je posai ma question d'une toute petite voix, une voix qui redoutait la réponse : « J'ai volé... je me suis battu... » Une de ces conduites stupides qui s'étaient terminées à plusieurs reprises à la gendarmerie.

Je m'agenouillai sur le lit, en face de Roméo, afin d'intercepter ce regard qui me fuyait. Le vert de ses yeux brillait. Ils étaient pleins de larmes. C'était à la fois inquiétant et embarrassant. Il rassembla ses jambes contre sa poitrine, bloqua ses genoux entre ses mains.

– Roméo !

Je secouai son bras, comme si je voulais ranimer quelqu'un victime d'un malaise.

– J'ai fait pleurer mon grand-père, dit Roméo.

Son grand-père ? Quel grand-père ? Roméo n'avait aucun grand-père, ce que je savais maintenant, mais qu'il ignorait encore. De toute façon, quel que soit le grand-père auquel il pensait, sa déclaration n'avait aucun sens. Je secouai plus fort son bras et dis :

– Tu as fumé des trucs à L'Escale, avec les crétins qui y traînent ? Tu as bu ? Tu as… Qu'est-ce qui se passe ?

– Tais-toi. Écoute-moi. J'ai humilié un vieux type noir qui entrait boire une limonade et je l'ai fait pleurer. Il aurait pu être Manuel, le mari de mamie Costancia, il aurait pu être… il aurait pu être… il avait l'air gentil… ils s'apprêtaient à le frapper… si j'avais bu autant de bières qu'eux, moi aussi peut-être…

– Arrête, Roméo !

J'ai crié : « Arrête ! » Puis :

– Maintenant, tu te calmes et tu me racontes ce qui s'est passé à L'Escale.

Roméo allongea les jambes, quittant cette attitude d'enfant paniqué recroquevillé en position fœtale. Les muscles de ses épaules se dénouèrent. Il inspira et expira longuement, puis me raconta. Lui et sa bande de voyous avaient ordonné à un vieillard noir, musulman, de boire des verres d'alcool, le menaçant de le frapper s'il n'obéissait pas. Il termina son récit en pleurant. Quelques larmes seulement, mais elles existaient bel et bien. J'aurais dû être émue. J'aurais dû le consoler. J'aurais dû lui trouver des excuses. J'aurais dû lui dire que sa révolte finale, reprendre les verres d'alcool et envoyer paître les crétins, était digne et courageuse. Plusieurs possibilités se présentaient, afin de combattre sa tristesse, mais je n'en choisis aucune.

Au contraire.

Je m'échappai du lit, très vite, comme si soudain la proximité de Roméo me répugnait.

– Tu es vraiment un sale con.

Je hochai la tête et ajoutai :

– Et en plus, tu crois que je vais te plaindre ?

Je disposais à cet instant d'une telle réserve de colère qu'elle m'aveuglait et me conduisait à davantage de méchanceté.

– Tu accuses ton père, mais c'est trop facile. Tu n'as plus dix ans. Il ne t'a pas montré le bon chemin, d'accord, mais Éléonore, cette femme qui…

Je m'arrêtai juste à temps. Éléonore. Nous ne prononcions plus ce prénom depuis des années. Je n'empruntais pas non plus le bon chemin. Il me semblait que le mépris avec lequel j'avais prononcé « cette femme » flottait encore autour de nous. Roméo me fixa d'un air indigné. Parce que je l'avais traité de sale con ? À cause de « cette femme » ? Les deux ?

– Pourquoi tu parles de ma mère ?

Qu'est-ce qui me prit, alors ? Je ne sais pas, sinon que je ne voulais plus m'apitoyer sur le sort de Roméo, plus trouver des excuses aux bêtises qu'il commettait, ainsi que maman et moi le faisions si souvent. J'adoptai l'attitude de Léo qui ne parlait plus à Roméo et décrétait : « Il tourne voyou, mais maintenant il a l'âge d'être responsable de ses actes. » Il ajoutait : « Il y en a marre de pleurnicher sur son manque de chance. Tous les connards genre ceux de

L'Escale s'abritent derrière cet argument pour se justifier quand ils se font prendre dans une sale histoire. »

– Éléonore n'est pas morte, Roméo. Elle s'est tirée avec un autre mec et comme Serge ne le supportait pas, il a obligé tout le monde à dire qu'elle était morte. Brigitte m'a tout raconté le mois dernier parce que mon frère et moi, on a vu Éléonore. Elle est passée voir ton père, ici, quand tu étais absent. Léo l'avait déjà vue une fois avant.

– Pas morte ? bredouilla Roméo. Tu déconnes ?

Je ne me souciai pas de la panique qui apparut dans ses yeux. L'ivresse des mots m'emportait. Peut-être aussi que je cherchais à blesser afin de provoquer une révolte ?

– Tu sais bien que je ne déconne pas. Cette femme t'a laissé tomber quand tu avais huit ans. Serge a pété les plombs, voilà la vérité. En plus, cette femme est partie au plus mauvais moment, quand l'épicerie flanchait. Brigitte dit que son nouveau mec est plein de fric.

Roméo resserra ses jambes contre lui. Il regarda à nouveau Mandela. Ça aussi je refusais de le voir, tout comme je refusais de prêter attention à la vibration sourde de la voix.

– Cette femme… Cette femme, comme tu dis, elle est ma mère, elle est vivante et c'est formidable. Je m'en fous après tout qu'elle se soit tirée et même tant mieux, puisque comme ça j'apprends qu'elle vit toujours.

Je contournai le lit de façon à me mettre en écran entre Roméo et Mandela.

– Éléonore n'est pas ta mère. Tu as été adopté à l'âge de six mois et… et…

Je fus prise d'un fou rire nerveux.

– Et ton prénom, contrairement à ce que l'on croit, ce n'est pas Éléonore qui l'a imaginé. Tu t'appelais Roméo à la naissance. C'est dingue, non ? Elle a insisté pour le conserver.

La cruauté de ce que je révélais me revint en pleine figure, comme un boomerang, dans le silence qui suivit. Jusque-là, les mots poussés par la colère n'avaient pas de vrai sens. Le silence leur en donnait un et nourrissait mes pensées.

Roméo se retrouvait seul et songeait à sa mère qui n'était pas sa mère.

J'étais seule, songeant à l'horreur de ma conduite.

Je demeurai pétrifiée, incapable de bouger ou de prononcer le moindre mot. Dire quoi ? Pardon, Roméo ? Ce serait dérisoire. Aussi dérisoire et obscène que les paroles d'un assassin déclarant à sa victime qui s'effondre : « Pardonne-moi. »

Roméo se montra plus courageux que moi. Il esquissa une sorte de sourire, du moins j'interprétai ainsi la crispation de ses lèvres, et dit :

– Viens près de moi. On dirait que tu as envie de te sauver, comme si je te dégoûtais.

– Mais non…

– Viens, Juju. À deux, on aura plus chaud.

Il rit. Je l'imitai. Deux rires qui béquillaient. Il faisait très chaud dans ma chambre, située sous le toit, alors avoir encore plus chaud… Roméo corrigea :

– On aura plus chaud à l'intérieur de nous.

J'obéis, d'une façon un peu mécanique, presque craintive et m'étendis sur le lit.

– C'est bien que tu aies trahi ce secret lamentable, dit Roméo. Mon père… enfin Serge… c'est un salaud, oui, voilà, je dis ça, un salaud de s'être tu et d'avoir organisé le complot autour de moi pour que personne ne m'en parle. Presque dix-huit ans de silence, bravo l'artiste ! Je m'en fous… Oui, parfaitement, je m'en fous, Juju, alors on va continuer comme avant, comme il a voulu : Éléonore est ma mère, elle est morte et on ne parle plus jamais d'elle.

Sa main droite se posa sur mon ventre brûlant. Ce n'était pas un geste osé, qui préparait autre chose. Sa main était une ancre arrimant Roméo à la vie qu'il sentait battre sous ma peau. Il y eut encore quelques minutes de silence, puis je pris cette main, la fis glisser sur mon ventre, mes seins, mes cuisses.

– Aime-moi, s'il te plaît, Roméo.

– Ne pleure pas, Juliette, Les larmes sont inutiles. Tu as raison, retournons en vacances en Bretagne, à Ploumanach. Peut-être qu'on peut revenir en arrière si on le désire très fort.

Je fis glisser son T-shirt par-dessus sa tête. L'aigle tatoué sur le torse de Roméo me fit frissonner, malgré moi.

– Tu as froid ?

– Oui, très froid. Serre-moi contre toi aussi fort que tu peux.

Ses lèvres devinrent les miennes. Son corps devint le mien.

Rien ne changea vraiment.

J'avertis Roméo, alors qu'il s'apprêtait à quitter ma chambre.

– Laisse tomber les crétins de L'Escale avant qu'ils ne t'entraînent là où tu ne veux pas aller.

– Oui, répondit Roméo.

Un « oui » dépourvu de conviction.

Il ouvrit la porte.

– Si tu restes collé à cette bande de voyous, je préfère ne plus te voir… en tout cas, dans ma chambre.

La porte se referma sur un silence.

Odabe et sa troupe de pantins venaient moins souvent au Petit Clocher. Mais ils venaient. Les jumeaux, eux, étaient toujours très présents. On entendait leurs scooters pétarader sur la route. Pourtant, aucun de ces petits cerveaux n'entrait maintenant dans la maison de Roméo. Léo m'en donna la raison. De passage chez nous, il surprit une scène étonnante.

– Le clone de Mussolini était sur la route, accompagné de trois de ses esclaves. Ils braillaient, appelant ton copain.

Il prononçait « copain » d'une voix sévère, ce qui me faisait rougir. Mon frère se doutait que Roméo était davantage qu'un « copain ».

– Au bout de cinq minutes, Serge est apparu à une fenêtre de l'étage. Il a crié : « Barrez-vous ! Roméo n'est pas là ! » En bas, ils rigolaient et continuaient à appeler. Serge s'est penché à la fenêtre et cette fois, il a hurlé : « Tirez-vous ou j'appelle les flics ! Je ne veux plus que vous entriez chez moi ! Plus jamais, vous entendez ! Laissez mon gamin tranquille ! Si vous insistez, je vous signale que je possède un fusil de chasse et des cartouches à sangliers ! »

Léopold se frappa les épaules comme s'il avait froid.

– Tu crois ça, ma Juju ? Le voisin commence à comprendre et à se réveiller ? Comme quoi il ne faut jamais désespérer.

Peut-être. Pourtant, Roméo travaillait toujours à L'Escale, malgré sa promesse de quitter cet emploi. Je lui en fis la remarque. Il se mit en colère.

– Tu veux que je fasse quoi ? Je n'ai aucune chance, sans diplôme, sans rien, de décrocher un boulot dans nos vallées. Comment on se débrouille, mon père et moi ? Tu t'en fous, toi, ta mère est bourrée de thunes et tu es championne toutes catégories dans les études.

La violence de la voix et des mots. Le désespoir aussi. Je m'apprêtais à couper mon téléphone, quand Roméo ajouta :

– Je suis dans un cul-de-sac, Juliette.

Un silence nous éloigna, puis je répliquai « C'est toi qui t'y es mis », mais je réalisai que Roméo avait éteint son portable.

Parfois, la colère me submergeait. Pourquoi se laissait-il emporter par ce courant mauvais, sans vraiment réagir ? Il se conduisait comme un enfant dépourvu de volonté.

Une pensée déprimante me venait de plus en plus souvent à l'esprit. Et si les pitoyables idées que radotait la bande de Punchskin commençaient à anesthésier son cerveau ? Je m'énervais, me torturais, ruminant des réponses contradictoires. « Oui, c'est possible et c'est en train d'arriver. » Je changeais d'avis aussitôt. « Non, c'est impossible, Roméo n'est pas idiot. » La préparation du bac ne supportait pas cette incertitude qui m'empêchait de me concentrer sur mon travail. J'y mis fin d'une façon brutale. Un soir, Antoine déposa Roméo devant chez lui. Le moteur du scooter faisait un énorme boucan. Serge Lopez apparut sur le pas de la porte, hurla : « C'est fini ce bordel ? » et rentra chez lui. Antoine repartit en levant l'index de la main gauche et beuglant : « Bientôt l'Aube nouvelle ! » Roméo m'aperçut en train d'arracher des mauvaises herbes dans notre cour.

– Juliette, tu as un moment ? Je peux venir chez toi ?

– Non !

La brutalité de ce « non » m'échappa alors que Roméo commençait à traverser la route. Je pris le seau qui contenait les herbes arrachées et me dirigeai vers la porte de notre garage. Mon ultimatum ne fut pas davantage réfléchi que le « non » qui avait précédé.

– Si tu ne quittes pas définitivement la bande de voyous de L'Escale, je ne veux plus te voir ni chez moi ni ailleurs. Tu choisis : à partir de maintenant, c'est eux ou moi.

Je rentrai à la maison, abandonnant Roméo au milieu de la route. J'éprouvai alors un formidable soulagement.

J'avais pris la bonne décision. Je sauvais mon bac en récupérant la sérénité nécessaire aux derniers jours de préparation.

« Tu as bien fait », murmura en moi une mince voix perfide et égoïste.

Deux jours plus tard, Léopold était à la maison. Avec un ami. Maman faisait semblant de ne pas comprendre qui était en réalité cet ami que Léo invitait pour la troisième fois. Je ne l'aimais pas. Il m'ignorait. Il ne pensait qu'à regarder des films, ne bougeait pas le petit doigt pour nous aider et buvait beaucoup.

– J'ai croisé Roméo et les jumeaux dans une rue de Sponge, annonça Léo. Ils font les malins, roulent les mécaniques, mais…

– Ce sont des abrutis, ces mecs ! intervint Arthur, son ami. J'ai détesté la façon dont ils nous zieutaient.

Mon frère s'empara de la télécommande de la télévision et interrompit le film qui passait.

– Roméo a fait semblant de ne pas me voir. Il semblait gêné que je le surprenne en compagnie des jumeaux, en train de déployer son cirque. Juju, pourquoi tu ne tentes rien pour empêcher ton copain de sombrer ?

– Mais si… mais si… pourquoi tu dis ça ?

Je m'indignais, mais Léo avait raison. Je ne faisais pas grand-chose. Il insista :

– Juju, tu ne penses qu'à ta mention au bac et tu te fous un peu du reste, reconnais-le.

Ma mère lisait, assise un peu plus loin. Elle leva la tête, nous lorgna par-dessus ses lunettes.

– Juliette a raison de travailler. Elle prépare son avenir et Léo, tu devrais l'encourager dans ce sens-là, plutôt que l'inverse. Qu'elle voie moins ce garnement de Roméo est une bonne chose.

Elle reprit sa lecture.

– Bof, les études, il n'y a pas que ça, commenta Arthur.

Brigitte releva la tête, marmonna « Oh, vous » en haussant les épaules. Mon frère réalisa que la conversation empruntait une voie scabreuse. Il se hissa hors du canapé trop mou qui l'engloutissait et dit :

– Viens, Arthur. Allons marcher en forêt au lieu de perdre notre temps devant ce film stupide.

Maman suivit leur départ d'un regard inquiet. Ses paupières clignotaient à la vitesse d'un gyrophare, derrière ses lunettes de myope. Léopold se retourna avant de quitter le salon. Il attendait Arthur et en profita pour me débiter sa leçon de morale.

– Ma Juju, tu devrais parler à Serge. Tu sais qu'il t'aime bien. En ce moment, il semble penser que son fils file un mauvais coton, alors peut-être que nous devrions tous les trois lui donner un coup de main. Toi surtout, ma Juju. À une certaine époque, tu étais toujours fourrée chez les Lopez, alors traverse la route de temps en temps, ma frangine chérie. Tu feras une BA, ça te changera des études.

Je ne fis ma BA que deux jours avant de passer mon bac. Deux jours avant le lundi de l'horreur. Trop tard. Bien trop tard.

Ce samedi-là, Roméo ne travaillait pas à L'Escale. Les jumeaux étaient venus le chercher dans la matinée. Le mois de juin étouffait sous un soleil de plomb. Je rêvassais à l'ombre des arbres qui entouraient notre maison du Petit Clocher. J'étais censée lire une revue mais je ne parvenais pas à me concentrer. Je ne pensais qu'à lundi, aux épreuves de l'examen qui débutait à huit heures.

– Aucune révision aujourd'hui et demain, ordonna ma mère. Repos complet.

Elle ne me quittait pas d'une semelle, croyant apaiser mon angoisse en se collant à moi. Elle somnolait, allongée sous un cerisier. Maman avait exigé la présence de Léo à la maison.

– Ta sœur a besoin de nous ce week-end. Donc, tu ne restes pas à Dijon avec tes copains.

Son front se couvrit de ridules. Elle ajouta :

– Et tu viens seul, s'il te plaît.

La remarque, ambiguë, ulcéra Léopold.

– Ouais, je serai là à border ma petite sœur chérie dans son lit chaque soir, lundi, mardi et toute la semaine vu que je n'ai plus de cours à la fac. Notre Juju explosera le compteur des points au bac et on déroulera une banderole sur la façade avec l'inscription : *Ici vit la célèbre bachelière.*

Il était présent, comme convenu, mais avait quitté la maison dès la fin du petit déjeuner. Quand les scooters ameutèrent le Petit Clocher, ma mère soupira.

– Encore eux ! Ils ne pourraient pas fiche la paix à Roméo, ceux-là !

Je les observais, cachée par le prunier sous lequel s'allongeait mon bain de soleil en plastique d'un vert caméléon. Il n'y avait pas qu'Antoine et Luc. Une voiture suivait les scooters. C'était une épave qui crachait une fumée noire puante. Je reconnus le conducteur, rencontré à L'Escale. Les jumeaux l'appelaient tantôt Brutus, tantôt Lionel. Une impressionnante moto rouge surgit une minute plus tard. Elle était pilotée par un type très grand et très costaud. Je ne le connaissais pas. C'était surtout la moto qui faisait un boucan énorme. Roméo s'installa à l'arrière du monstre rouge. Quand les quatre véhicules s'éloignèrent, maman déclara :

– Bon débarras. Serge est consterné. Je lui ai parlé un peu hier, pas longtemps parce qu'il déprimait. Il m'a dit : « Je ne sais plus quoi faire avec mon gamin. » Dommage que notre voisin se réveille si tard. Il est en train de faire son examen de conscience et il se rend compte à quel point il est responsable de la situation.

Ma mère cessa subitement de parler. Elle considéra le ciel, d'un bleu parfait, puis :

– Bon, pensons à autre chose. Ce n'est pas le moment de t'encombrer l'esprit avec les soucis de nos voisins. Qu'est-ce que tu aimerais manger à midi, ma chérie ?

Je ne répondis pas. Maman se tut. Nous écoutions le bourdonnement des abeilles qui dévoraient nos fleurs. Quelques minutes plus tard, elle se leva et dit :

– Je m'occupe du déjeuner. Ce sera léger, mais bon.

Elle disparut derrière la maison. Je m'ennuyais. Le temps ne passait pas. Me vint alors l'idée de la BA que me suggérait Léopold. Rendre visite à Serge, notre voisin.

Il ne réagit pas à mon coup de sonnette. La porte était entrouverte.

– Serge ?

J'étais dans le couloir. Les lumières étaient allumées et pourtant le soleil éclairait la maison. Les portes étaient ouvertes. Le désordre et le manque de propreté attirèrent mon attention. Il y avait de la poussière, des chaussures sales étaient abandonnées le long des murs et je voyais des vêtements jetés sur les fauteuils et le canapé du salon.

– Monsieur Lopez ? C'est Juliette.

Je ne l'appelais jamais « monsieur Lopez ». Toujours Serge, depuis toute petite. Pas de réponse à mon appel, mais je perçus une sorte de grognement. Il provenait de la cuisine. La seule porte fermée.

– Serge, vous êtes là ? Je peux entrer ?

Il était là, évidemment, à en juger par les bruits que j'entendais maintenant. Le raclement d'une chaise sur le carrelage, le tintement d'objets jetés dans l'évier, des pas qui clapotaient sur le sol, comme ceux d'un vieillard qui manque d'équilibre. Une toux. Puis le silence. Enfin, sa voix.

– Entre, ma grande.

La porte s'ouvrit. À peine, comme si Serge n'était pas certain que sa voisine lui rendait visite. Il y avait si longtemps que je n'étais pas entrée dans la maison de Roméo que l'hésitation pouvait se comprendre, mais ce n'était pas la raison.

Serge Lopez était en pyjama. À dix heures du matin. Un tissu gris, moche et flapi, qui pendait aux fesses, aux épaules, mais comprimait le ventre. Dans d'autres circonstances, j'aurais éclaté de rire. Une barbe de plusieurs jours. Des yeux pochés, rouges. Serge Lopez venait de pleurer et de se frotter les yeux sans ménagement. La cuisine sentait le chou. La vaisselle sale remplissait l'évier et un pot de confiture ouvert traînait sur la table à côté d'une plaque de beurre.

– Qu'est-ce qui t'amène chez moi, ma grande ? demanda bravement Serge. Il y a tellement longtemps que je ne t'ai pas vue dans ma cuisine. Assieds-toi là.

Il m'indiqua une chaise. J'obéis, mais je me relevai aussi vite car lui ne s'asseyait pas.

– Roméo.

Je répondais à sa question, mais il se méprit. Il haussa les épaules et dit :

– Pas de chance, ma belle, mon gamin n'est pas là. Il vient de filer avec…

À ce moment-là, ses yeux d'un brun laiteux s'accrochèrent à moi. Il ne termina pas sa phrase.

– Je sais que Roméo n'est pas ici et je sais avec qui il est parti. Je viens vous voir pour cette raison.

Son regard ne me quittait pas. Ses yeux imploraient une bonne nouvelle de ma part et c'est tout le contraire que j'apportais. Ne sachant pas comment entamer la conversation, je bredouillai des mots à la queue leu leu.

– Roméo ne va pas bien. Il m'évite… il… il préfère les autres… enfin, non, mais heu…

Serge Lopez se laissa tomber sur la chaise la plus proche de ses fesses. Elle vacilla sous son poids mais il parvint à récupérer son équilibre. Le père de Roméo semblait maintenant fixer le carrelage, comme s'il y découvrait une tache ou une fêlure. Il me fallut quelques secondes pour réaliser qu'il pleurait.

– Serge !

J'étais affolée. Un homme, qui aurait pu être mon père, pleurait devant moi. Je n'avais jamais vu d'homme pleurer. Je n'osais ni parler ni le toucher. L'idée ridicule me vint de courir chez moi, d'appeler maman au secours. Fuir, en fait. Heureusement, Serge parla :

– Assieds-toi, Juju, là, à côté.

J'obéis, aussi craintivement que si mon voisin représentait un danger, et je prononçai les paroles les plus sottes qui soient.

– Vous êtes malade ?

Il se pencha en avant, cala ses bras ballants entre ses cuisses.

– Roméo va partir, ma grande.

– Partir ? Partir où ?

– Il a décidé de quitter Sponge pour s'engager dans l'armée ou un truc comme ça. Il veut fuir son père, fuir la bande de L'Escale qui l'hypnotise et dont il ne parvient pas à se débarrasser. Il a peur ou alors il reste avec eux par faiblesse, je ne sais pas moi, alors voilà il va s'en aller, il me l'a dit. Il partira le plus loin possible et il ne reviendra jamais à Sponge. Jamais, tu entends ?

J'écoutais, la bouche entrouverte, la respiration retenue. Je ne comprenais pas vraiment la portée de l'annonce de Serge, mais je réalisais pourtant que de graves changements se préparaient.

– Il attend ses dix-huit ans, poursuivit mon voisin. Tu ne le verras plus non plus, ma grande.

Il me regarda enfin. Des yeux livides. Un désespoir qu'aucun mot ne guérirait.

– C'est mon gamin, Juju. Je n'ai que lui, je n'ai jamais eu que lui au cours de ma foutue vie de ces dix dernières années et s'il me quitte à son tour…

Il frappa ses cuisses de ses poings. De plus en plus fort.

– Arrêtez !

Les coups cessèrent. Peu à peu, la réalité de l'annonce et de ses conséquences s'installa dans ma tête.

– Roméo ne partira nulle part. Il invente ce départ pour… pour…

Pour quoi ?

Je ne trouvais aucune justification, mais Serge avait des réponses.

– Il le fera, Juliette. Pas seulement pour fuir la bande, parce qu'il ne voit pas d'autres solutions pour sortir du piège dans lequel il est. Il veut me quitter, moi, moi son père, parce que je crois qu'il me déteste.

– Mais non !

Serge agita sa main droite.

– Non, Juju, ce n'est pas parce qu'il sait, depuis que ta mère le lui a dit, qu'il est un enfant adopté…

Il y eut un silence durant lequel je ne bronchai pas.

Pas ma mère.

Moi.

– Elle a bien fait. Elle a été moins lâche que moi. Roméo se fiche d'être adopté. Il me dit qu'il me considère toujours comme son vrai père… mais il me dit aussi…

La tête de Serge Lopez reprit son plongeon vers l'avant. Le carrelage.

– Il me dit aussi que justement, parce que j'étais son vrai père, je n'avais pas le droit de manquer son éducation. Il a raison, Juliette, je suis responsable de ce qui arrive.

– Oui.

Un « oui » que je ne retins pas. Ce n'était pas le mot qui soulagerait Serge Lopez, pas le mot d'une voisine compatissante, mais c'est ce que je pensais.

Je m'apercevais que j'en voulais terriblement à Serge. Mon « oui », suivi d'un silence accusateur, l'amena à me dévisager avec insistance. Je ne lus aucun reproche dans ses yeux. Au contraire. Mon voisin semblait soulagé.

– Roméo pense que s'il ne quitte pas Sponge, il se produira quelque chose de grave, à un moment ou à un autre.

Serge posa une main craintive sur mon genou droit. Je n'avais pas envie qu'il me touche. Pourtant, j'acceptai ce contact parce qu'il lui communiquait la force de poursuivre sa confession.

– Ma grande, mes conneries avec mon fils te font aussi payer l'addition. Je vois bien que mon Roméo et toi, depuis tout gosses, vous êtes autrement que des voisins. Moi, cette situation me plaît, même si ta mère elle n'en dit pas autant. Si Roméo part, tu seras malheureuse et ce résultat est à mettre aussi sur ma note.

Je n'écoutai pas vraiment ce que Serge Lopez raconta durant les deux minutes qui suivirent. Il revivait le passé. Le déclin de l'épicerie. Le bon temps d'avant. Je songeais à l'affirmation de Serge. Est-ce que le départ de Roméo me rendrait malheureuse ? Et la réponse était « non ». Je serais triste mais pas malheureuse. Nos vies divergeaient. Je commençais à penser que la décision de Roméo était la bonne : partir avant de tomber tout au fond du gouffre.

Puis Serge parla d'Éléonore. Sa main avait quitté mon genou. Il tenait ses deux poings serrés contre son ventre. On aurait dit qu'il comprimait une douleur. Sa voix se tendit.

– Éléonore ne m'a jamais autant aimé que moi je l'aimais. C'est le gros problème des couples, ma grande. Moi, j'étais fou d'elle et je suis encore fou d'elle, si bien que si elle revenait…

Il s'interrompit, scruta mon visage avec inquiétude.

– Parce que voilà, si elle le veut Éléonore peut revenir. Je ne suis pas dingue, Juju, quand je raconte ça.

Un nouveau silence. Une grimace. J'esquissai un sourire de moineau frigorifié et dis :

– Je sais qu'Éléonore n'est pas morte, Serge. Léopold et moi, nous l'avons vue. Ma mère nous a expliqué que vous ne vouliez plus qu'on parle d'elle, que vous ne vouliez même plus entendre son nom, que vous préfériez la déclarer morte.

Serge Lopez ferma brièvement les yeux. Il respirait aussi fort qu'un asthmatique victime d'une crise.

– Nom de Dieu de nom de Dieu. Même cet événement-là, il a fallu que je l'aggrave en mentant à tout le monde ou en obligeant les autres à mentir.

Je posai ma main sur son épaule.

– Ces mensonges n'étaient pas très graves pour nous. Ils l'étaient pour Roméo.

– Oui. Une connerie de plus à mon actif. Je les ai mises bout à bout les unes après les autres, avec l'obstination de celui qui glisse des perles sur un fil jusqu'au collier final. Mais, ma grande, tu ne sais pas le pire.

Le pire ? Il pouvait y avoir pire que l'empilement des mensonges et des secrets ? Ma main s'échappa de l'épaule de Serge Lopez aussi vite que si elle touchait la peau froide d'un serpent.

– Éléonore est partie avec un Noir, dit le père de Roméo.

– Un Noir ?

– Oui…oui.

– Et alors ?

Où voulait-il en venir ?

– Alors, je suis devenu raide dingue, comme si choisir un Noir était une vexation supplémentaire. J'ai commencé à en vouloir au monde entier.

Il s'interrompit, réfléchit, le visage décoré de tics. Il porta un index à la tempe et le vrilla jusqu'à la fin de son propos.

– Au monde entier, oui, mais surtout au monde qui ne me ressemblait pas, les Noirs, les Arabes… les étrangers, tout le monde, quoi. Je me suis dit que ce qui m'arrivait était de leur faute, mes affaires qui ne marchaient pas, ma femme qui m'abandonnait. J'ai entraîné mon gamin dans mes délires.

– La Petite France.

Ce n'était qu'un murmure, mais Serge m'entendit.

– Oui. Cette connerie-là et bien d'autres. Je me suis laissé couler, sans réagir. J'accusais les autres d'être responsables de la situation, c'était plus confortable que de me culpabiliser.

Je me levai. Je ne me sentais pas bien. Mal au cœur. L'impression qu'il n'y avait pas d'air dans la cuisine.

Les lamentations de Serge Lopez m'exaspéraient. À quoi ça servait de pleurnicher, maintenant ? Je regrettais d'être venue. Les révélations de mon voisin et ses plaintes mélodramatiques m'encombraient l'esprit. Je risquais de le payer le jour de l'examen.

– Je retourne travailler mon bac. On reparlera de tout ça plus tard.

– Quand Roméo sera parti ?

Un ricanement amer que je refusai d'entendre.

– Mais non. Il ne partira pas comme ça, du jour au lendemain, pas sans me prévenir.

Serge se leva et s'étira.

– Merci pour cette visite, ma grande. J'ai peur que tu te trompes, mais merci quand même. De mon côté, j'essaierai de réparer ce qui peut l'être. À mon avis, ça ne suffira pas.

Je ne voulais pas en entendre davantage. Je n'avais plus qu'une envie : m'éloigner de Serge Lopez, ne plus subir ses plaintes. L'oublier, au moins durant quelques jours. Pourtant, c'était impossible de ne pas poser la question qu'il attendait.

– Vous comptez faire quoi ?

– Le gourou de la bande de L'Escale s'appelle Patrick Odabe.

– Punchskin, oui, je sais.

Le père de Roméo hocha plusieurs fois la tête, semblant ainsi approuver à l'avance ce qu'il allait dire.

– Il tient mon gamin entre ses poings fermés, mais c'est fini, tout ce cirque. Je vais le convoquer ici, dans ma maison et je ne lui laisserai pas le choix.

– Vous ferez quoi ? Il est dangereux. Les dingues de son espèce sont des individus dangereux.

– Il ne sera jamais aussi dangereux que moi maintenant, répliqua Serge. Je le préviens : ou il laisse tranquille Roméo ou je le massacre.

Je haussai les épaules et me déplaçai vers le fond du couloir. Je marmonnais : « Heu… heu… ouais, c'est ça, c'est ça. » L'ironie de mon commentaire était humiliante.

La voix de Serge me rattrapa quand j'atteignis la porte qui me délivrerait.

– Roméo t'a dit que je le traitais de p'tit pédé, quand il était tout gamin ? Je lui disais ça quand il ne tenait pas son rang de gros costaud, le rang que je voulais pour lui. Tu peux croire une minute que j'ai fait ça, Juliette ?

DERNIER RÉCIT DE ROMÉO

La terrifiante journée.

Ce serait mon dernier jour de travail à L'Escale. Ma décision était prise. Punchskin me donnerait ma paie en fin d'après-midi. Je lui annoncerais « Je pars », sans expliquer mes raisons. Je n'écouterais pas ses protestations ni ses tentatives pour me retenir. Je récupérerais mon sac à dos, mon unique bagage, planqué sous le bar et m'en irais. J'avais laissé une lettre à la maison. Quatre mots : *Je pars. Pour toujours.*

J'irais d'abord chez Costancia. Puis, après... J'aurais bientôt dix-huit ans. L'armée. Autre chose. N'importe quoi qui me conduirait ailleurs. Je verrais. Costancia m'aiderait, financièrement. Elle me l'avait promis en pleurant.

– Tu as raison, mon chéri. Fuis ton père quelque temps, ça le remettra peut-être d'aplomb. Je t'aiderai autant qu'il le faudra. Tu reprendras tes études ou alors tu choisiras...

Costancia dressait une liste de projets possibles, mais je fuirais Sponge, mon père et même mamie. Pas quelque temps. Pour toujours.

Juliette aussi, mais Juliette n'était plus avec moi depuis longtemps. Ce lundi matin, le jour du bac, je l'attendais dans ma cour, après une nuit de complète insomnie. Il était très tôt. Brigitte sortit la voiture de leur garage. L'examen se passait à Dijon, au lycée Carnot. Je traversai la route, me tenant ensuite devant le portail ouvert de leur cour.

– Je te souhaite bonne chance, Juju. Ce n'est pas tellement nécessaire, tu seras la meilleure, comme toujours.

Avais-je mis trop d'amertume dans ce « comme toujours » ? Juliette ne s'approcha pas. Elle se contenta d'un vague signe de la main et d'un « merci » distrait. J'aurais aimé l'embrasser. La Citroën émergea du garage. Brigitte fit ronfler le moteur. Par la vitre ouverte, elle dit :

– On est en avance, ma chérie, pas la peine de s'inquiéter. Relaxe-toi, ma puce, tout ira bien.

Juliette grimpa dans la voiture, à côté de sa mère. Brigitte, au moment de franchir le portail, me vit planté là, espérant je ne sais quoi. La Citroën s'arrêta à ma hauteur. La mère de Juliette pencha la tête et dit :

– J'aurais tant aimé vous conduire tous les deux à cet examen, Roméo.

La voiture s'éloigna sur la départementale et disparut. Je ne reverrais plus Juliette avant aujourd'hui, avant cette visite à mon père, à la Maison des Ursulines.

Je me rendis à mon travail en bicyclette. Vers onze heures, les jumeaux entrèrent à L'Escale. Ils étaient excités, mais ne me dirent pas pourquoi. Luc repéra mon sac à dos rangé sous le bar.

– Tu déménages, Roméo ?

Il me regarda avec son air faux jeton, comme s'il se demandait dans quel trafic je trempais, sans en parler à la bande. Il poussa mon sac du bout du pied et resta perplexe, pendant que je rangeais les tasses propres sur une étagère.

– Putain, il y a quoi là-dedans ? C'est bourré jusqu'à la gueule.

Panique. Il était capable d'ouvrir le sac et de fouiller. Il y découvrirait mes deux jeans, mes trois T-shirt, ma paire de chaussures de marche, pas grand-chose mais assez pour qu'il comprenne. Je pris les devants.

– Des vêtements usagés que mon père refile à un vieux du quartier des Lavoirs. Je lui apporterai ce soir, après le boulot. J'ai transporté ça en bécane et c'était pas la joie.

Luc ricana :

– Pourquoi t'as pas piqué une bagnole ou arrêté un mec sur la route ? Tu osais, avant. Tu te ramollis ces temps-ci, Roméo. Comme ton père.

Je ne répondis pas. Luc poursuivit :

– Ton bordel, là, ton vieux des Lavoirs ne l'a pas encore, vu que cet aprèm on sera occupés à l'extérieur.

Une « virée » ?

Je ne risquais rien. Mon service à L'Escale me prenait toute la journée. Luc devina ce à quoi je pensais.

– Tu bosseras pas cet aprèm. Punch ferme le rade. Il dit qu'il veut faire l'inventaire en étant peinard pendant que nous on mettra un peu d'ordre en ville.

J'avais vu juste : une « virée ». À laquelle, comme d'habitude, Odabe ne participerait pas. Je me sentis pâlir. Il était hors de question de suivre la bande à quelques heures de mon « évasion ». Hors de question de risquer des ennuis, par exemple de me retrouver une fois de plus à la gendarmerie.

L'arrivée des autres, une heure plus tard, ne me rassura guère. Ils étaient presque tous là, les habitués comme Brutus, Rémi, de Kèche, les jumeaux, mais aussi trois types que je connaissais à peine. Odabe débarqua à treize heures, après le temps des bières que j'avais servies en grande quantité. Basile de Kèche paya.

– Allez-y, mes loulous, j'ai eu une belle rentrée d'argent ces jours-ci, alors open bar, les mecs.

Punchskin portait deux sacs pleins. Il les déposa dans l'arrière-salle, celle que nous utilisions pour les réunions, et il accrocha sur la porte d'entrée de L'Escale un écriteau qui annonçait : *Bar fermé aujourd'hui pour cause d'inventaire.* Il nous donna ses consignes.

– J'ai mis la bouffe derrière. Il y a de quoi faire un beau gueuleton. À quatorze heures maxi, je ne veux plus voir personne ici. Vous avez un projet pour l'après-midi, alors foncez. Pendant que vous vous amuserez, moi je bosserai comme un cheval. L'inventaire du matos, la compta, enfin tout quoi.

J'étais apparemment le seul à ignorer quel était le projet de l'après-midi. Je devais poser la question, si je ne voulais pas provoquer la méfiance de la bande alcoolisée et excitée. Nous entrions dans l'arrière-salle.

– Il se passe quoi, cet après-midi ?

J'évitais de regarder quelqu'un, m'appliquant à empiler du jambon et des lamelles de fromage entre les mâchoires de mon sandwich. Les rires éclatèrent. Odabe, lui, ne riait pas. Il tendit un index impérieux vers de Kèche.

– Explique à Roméo.

De Kèche se tourna vers Antoine.

– Plutôt toi. Tu connais mieux Sponge que moi.

Antoine posa son sandwich, but une gorgée de bière et s'essuya la bouche.

– Cet après-midi, on chasse un pédé au parc Camus. Brutus en a repéré un qui attend son rencard vers quinze heures. On va donner une leçon à cette tantouze avant qu'elle ne contamine la ville.

Luc intervint :

– Ouais, mais on doit agir avant que l'autre rapplique parce que c'est un foutu costaud qui ferait des dégâts. En plus, on n'est pas assez nombreux pour s'en coltiner deux à la fois. On tend notre filet à quatorze heures trente, c'est le bon timing vu que le pédé se pointe à Camus à cette heure-là précise.

Ils parlèrent tous en même temps, commentant la manœuvre à suivre. Je ne disais rien. Odabe m'observait.

Je ne participerais pas à ça. Je me souvenais du vieux Noir qui voulait se désaltérer à L'Escale. La bande excitée pouvait se conduire comme une meute de chiens enragés. Et le train qui m'emmènerait à Dijon partait à dix-huit heures. Ce serait ce soir ou jamais. Ma décision était prise. Je sentais que si je la repoussais, je ne m'évaderais jamais.

– Impossible pour moi cet après-midi. Si le bar est fermé, je dois aller au quartier des Lavoirs et ensuite attaquer à la maison des gros travaux d'entretien qui ne peuvent plus attendre.

Les conversations s'arrêtèrent. On me dévisagea.

– Tu ne peux pas ou tu ne veux pas ? demanda Luc.

J'avalai une bouchée de mon sandwich.

– Parce que ces derniers temps, tu m'as l'air un peu dégonflé, poursuivit Luc. C'est ton père qui te bourre le mou ? Lui, c'est pareil, il se débine carrément, il refuse même de nous voir. J'ai pas oublié que le jour du moricaud qui voulait pas picoler je t'ai vu vomir dans les chiottes.

La seconde bouchée de sandwich ne passait pas. Une gorgée d'eau, puis fixant Luc.

– Tu as raison. Je ne veux pas. Je me fous complètement qu'un pédé en drague un autre, à Camus ou ailleurs. Et attaquer un mec à dix contre un, ça n'excite normalement que des mômes qui s'inventent des exploits dans la cour de récré.

Silence complet. Puis Brutus émit un long sifflement et :

– Putain, le Roméo, il est mieux remonté qu'une pendule ! Tu serais pas un peu pédé, toi aussi ?

Une hésitation et la réplique vint malgré moi :

– Ça se peut. Des fois, mon père me traitait de p'tit pédé quand j'étais gosse.

Les conversations reprirent. Ils commentaient ma décision comme si je n'étais pas présent. Je m'en tirais bien. Ma dernière paye vers dix-sept heures, je filais à la gare, mon train à dix-huit heures et advienne que pourra.

Soudain, Odabe se leva.

– Bon, le boulot m'attend et l'inventaire ne va pas se faire tout seul.

Il s'éloigna. Se retourna.

– Roméo, tu n'oublies pas que ton enveloppe t'attend ce soir. J'ai mis cinquante euros de prime ce mois-ci. À mon avis, si tu tiens à ta paye, tu devrais accompagner la troupe. Ça m'ennuierait de récompenser un traître à la cause et je ne le ferai pas.

Les jumeaux m'acculèrent sous l'escalier qui desservait l'étage de L'Escale.

– Que tu nous fasses la gueule, on s'en fout, déclara Antoine, mais on ne va pas te laisser bousiller notre virée. Il faut donner une leçon à ce pédé avant qu'il ne pourrisse la ville. Ce type habite Dijon et se croit tout permis quand il débarque chez nous à la cambrousse. Il nous prend pour des ploucs, ben on va lui montrer de quoi les ploucs sont capables.

– Punch t'a salement coincé, ricana Luc. Pas de virée avec nous, pas de fric. À mon avis, si tu continues comme ça, tu peux dire adieu à ton job à L'Escale.

– Bon, pour ce coup-ci, on t'a prévu le service minimum, expliqua Antoine. Tu feras seulement le guet, alors pas de quoi nous jouer ta pièce de théâtre. Dis-nous plutôt merci.

– Ça consistera à quoi ?

La réponse m'indifférait. J'avais l'intention de ne faire ni le guet ni quoi que ce soit d'autre.

– Tu connais le parc Camus. Trois d'entre nous se postent à l'entrée dès que le pédé s'est assis sur son banc. Les autres l'encerclent. Quand il nous verra arriver, il comprendra ce qui se passe et il se tirera.

– Bonjour la souricière, s'excita Luc. Il ne pourra pas revenir en arrière, à cause de nos trois soldats à l'entrée.

– Tu sais aussi bien que nous qu'il n'y a qu'une autre issue, intervint Antoine. Il faut traverser le parc, longer la scierie abandonnée et franchir la passerelle au-dessus de l'Agon.

Luc ricana une nouvelle fois.

– Sauf que cette nuit, on en a démonté la moitié. Quand je dis démonté, tu vois ce que je veux dire. En tout cas, elle est inutilisable.

– L'unique solution sera alors d'emprunter le passage au-dessus des vannes. Tu connais : une poutre étroite, glissante, casse-gueule sauf pour un funambule, mais on ne sait jamais de quoi sont capables les pédés.

Antoine termina son explication en souriant. Il me fixa en silence, durant trois ou quatre secondes. Un éclair de mépris traversa son regard. Il poursuivit :

– Sauf que toi, tu l'attendras à l'autre bout des vannes, peinard, sans te cacher, bien au contraire. Il suffira que tu montres la batte de base-ball que te refilera Brutus. Le pédé comprendra vite qu'il n'a aucune chance sur la poutre. Il fera demi-tour.

– Mais nous, on se pointe sur ses arrières, exulta Luc. On lui fout une trempée dont il se souviendra et du coup, il retournera draguer à Dijon. L'air de Sponge sera plus respirable. Nous, à Aube nouvelle, on veut une ville nickel chrome. T'es OK, Roméo ?

Je n'avais pas le choix. Je ne me sortais pas trop mal du piège. Je me débarrasserais de la batte de base-ball et si le type parvenait jusqu'aux vannes et essayait de traverser, je le laisserais faire. Les autres râleraient. Je trouverais une excuse. Des promeneurs m'auraient empêché de jouer mon rôle.

Ma paye.

Le train.

Costancia.

Plus tard, quand cette période de mon adolescence serait lointaine et oubliée, je retrouverais Juliette.

– Oui, je suis OK. Pas de souci, le type ne passera pas par les vannes de la scierie.

– Ben tu vois, quand tu veux, tu peux être un bon soldat, approuva Antoine, en me tapotant l'épaule.

La « virée » ne se déroula pas comme je l'imaginais.

Je vis l'homme approcher de la scierie. Il n'était qu'une silhouette vêtue d'un survêtement, avec la capuche recouvrant la tête. Il donnait l'impression d'être l'un des nombreux amateurs de footing du parc Camus. Il courait, pas très vite, mais il courait. Son attitude le différenciait pourtant d'un sportif. Il courait en se retournant sans cesse.

Il avait peur.

Il ne courait pas encore très vite, afin de ne pas montrer sa peur. Ou alors, pour se rassurer. Il se disait peut-être qu'il s'affolait pour rien.

Il approchait, était près de la scierie, tout près maintenant. Il s'aperçut que la passerelle était détruite. Il marqua un arrêt puis recula de deux ou trois pas et regarda autour de lui. J'étais caché derrière un pan de mur éboulé. Il ne pouvait pas me voir. Son allure désignait un homme probablement jeune. Le flou du survêtement ne m'en apprenait pas davantage. Jeune ou pas, en forme ou pas, il ne résisterait pas à la meute lancée à ses trousses.

Il était immobile depuis plusieurs secondes quand le son de la trompe de chasse retentit. L'appel provenait de derrière le rideau de peupliers qui longeait l'Agon. La rivière était grosse des pluies de la semaine précédente. La trompe retentit à nouveau. Le dégoût me submergea. Ces salauds procédaient comme pour une battue au sanglier. Affoler celui qu'on poursuit considéré comme un animal.

L'homme tournoya sur lui-même. Il cherchait une solution. Une issue. Il semblait ne pas bien connaître le parc Albert-Camus.

– Le pédé est là ! Je l'ai !

La voix de Brutus. Deux brefs appels de la trompe de chasse lui répondirent.

L'homme réalisa enfin qu'il existait une issue en traversant les vannes qui retenaient les eaux de l'Agon. Enjamber la rivière en passant sur la poutre.

Il se remit à courir. S'engagea sur la partie la plus facile, parce qu'il existait une sorte de plancher qui amorçait d'abord le passage. Après, il n'y avait plus que la poutre. Il l'emprunta. Quatre pas. Il s'arrêta au milieu de la poutre. Il regarda la rivière, en dessous. Il entendait le grondement de l'eau contre les rochers.

La peur le paralysa.

Je devais l'encourager. Je quittai ma cachette, hurlai :

– Venez par là ! C'est facile ! Avancez sans regarder l'eau !

L'homme leva la tête, m'aperçut peut-être. Il perdit l'équilibre, tomba dans l'Agon et je vis son corps rouler par-dessus les rochers.

Je vécus les deux jours suivants caché chez mamie Costancia. Je ne parlais presque pas. J'attendais le jour de mes dix-huit ans, le jour de mon vrai départ et celui de ma renaissance. Je lisais et relisais le court article paru dans le journal local.

L'imbécillité criminelle.

Hier, dans l'après-midi, un grave accident s'est produit à Sponge. Une bande de skins alcoolisés, ayant décidé « une expédition punitive » (selon leurs termes) contre un jeune homosexuel, s'est abandonnée à la barbarie imbécile. La violence de la bande, lancée à la poursuite de leur victime, a provoqué la chute de celle-ci dans la rivière l'Agon qui traverse le parc Camus. Heureusement, un témoin jusque-là non identifié a fait appel au Samu et aux pompiers, ce qui a permis de sauver la vie du promeneur. Ses blessures sont graves. Les rochers ont lacéré la jambe droite de la victime qui a dû être amputée à l'hôpital de Dijon où il a été transporté par hélicoptère.

Le Samu et les pompiers, c'était moi.

La lâcheté, c'était moi aussi. Fuir le parc Camus, fuir les autres, me taire et essayer d'oublier. Mais je n'oubliais rien.

Je voyais sans cesse l'homme vaciller sur la poutre. Le torrent qui l'emportait. Les rochers.

– Qu'est-ce qui se passe, mon grand ? interrogeait Costancia. Tu sais… je veux bien ne rien dire à ton père durant trois jours, mais pas davantage. Il doit se faire un sang d'encre, se demander minute après minute où tu es et aucune punition comme celle-ci n'est acceptable.

– Ce n'est pas mon père.

Les mots s'infiltraient entre mes dents serrées. Costancia posa une main sur mon épaule.

– Tu sais bien que si, malgré tout, Roméo.

– C'est un salaud. Tout ce qui est arrivé est de sa faute. Je ne veux plus le voir. Jamais.

Costancia dit « Bon » et parla d'autre chose. Je ne lui avouais pas que j'étais décidé à couper tous les ponts. Plus jamais Sponge. Plus jamais Serge Lopez et même plus jamais Costancia Lopez. L'armée. Loin, très loin.

Alors, plus jamais Juliette Lescuyer ?

L'admettre était insupportable.

Le troisième jour, tôt le matin, je découvris mamie Costancia dans sa cuisine, tenant une tasse de café qui vacillait entre ses mains. Elle était très pâle. Dès qu'elle me vit, en pyjama, elle se mit à pleurer.

– Mamie !

Elle se précipita entre mes bras. J'avais l'impression de presser contre moi un moineau tombé du nid. Elle hoqueta :

– Les gendarmes… lundi soir, il y a eu un incendie chez toi… ta… ta maison… ton père est à l'hôpital, dans un état grave… les fumées…

Elle s'écarta, semblant chercher un peu d'air.

– Les gendarmes ont téléphoné, tout à l'heure. Ils vont venir ici. Je leur ai dit que tu étais chez moi et ils veulent te parler. Mais avant, on file à l'hôpital.

Je ne ressentais ni émotion ni peur. Je ne ressentais rien. C'était horrible. C'était comme si je lisais un fait divers dans le journal.

– Non, mamie, je n'irai pas. D'abord, ce n'est pas mon père.

– Alors, pourquoi tu m'appelles mamie ?

Les deux gendarmes de Sponge me connaissaient. Le plus jeune, guère plus âgé que moi, soupirait sans arrêt. Il m'accueillit en inspirant et expirant autant d'air que s'il se préparait à gonfler un ballon.

– Encore toi, Roméo ! On t'avait pourtant prévenu qu'à la prochaine bêtise tu récolterais de gros ennuis.

L'autre gendarme, beaucoup plus vieux, m'adressa une grimace compréhensive.

– Ne l'engueule pas trop, Nicolas, il est déjà assez puni avec son père à l'hôpital.

Nicolas fronça les sourcils et dit :

– Il paraît que tu ne veux pas le voir ?

– Ce n'est pas mon père.

Trois soupirs à la queue leu leu, puis l'interrogatoire commença.

– Tes copains affirment que tu es responsable. Tu aurais fait peur à l'homme que vous poursuiviez, en le menaçant d'une batte de base-ball. Tu te rends compte de l'énormité de pareilles accusations ? Des conséquences : votre victime a été amputée d'une jambe.

J'écoutais. Je hochais la tête de temps en temps, approuvant tout. Je ne me rendais même pas compte que je chialais. L'autre gendarme s'appelait Hervé. Il me tendit un kleenex, puis :

– Nicolas t'a dit ce que les autres racontent. Ce sont des individus sans cervelle et ils risquent gros. Pour toi, ce sera moins grave.

– Moins grave, moins grave, pas si certain, corrigea Nicolas.

Cette fois, c'est Hervé qui soupira avant de reprendre la parole.

– Nicolas, on en sait assez maintenant sur cette affaire pour ne plus chercher midi à quatorze heures. Je te rappelle que c'est moi qui rédigerai le rapport.

– Bien, chef.

Hervé tripota la boîte de kleenex.

– On sait que tes copains mentent. Tu n'avais pas de batte de base-ball et tu ne participais pas vraiment à cette lamentable poursuite. L'homme qui est tombé dans l'eau dit que tu l'encourageais à marcher sur la poutre, que tu n'avais rien dans les mains et qu'il a perdu l'équilibre à cause du vertige.

Hervé émit un pâle sourire.

– Tu n'es qu'un gamin, Roméo, et tu as de la chance de n'avoir dix-huit ans que dans quelques semaines. Tu es encore mineur, donc un peu protégé par la loi.

Il poussa la boîte de kleenex vers moi.

– Alors, avec toutes tes conneries mises bout à bout, pour lesquelles tu as déjà atterri chez nous, plus celle-ci, la plus grosse de toutes, aggravée d'un délit de fuite, tu ne t'en tireras pas sans plusieurs mois d'enfermement dans un Centre éducatif fermé. Crois-moi que tu t'en sors bien, parce que si tu avais eu tes dix-huit ans, tu récoltais la prison, pas un CEF. Je n'ai pas le droit de porter un jugement, mais je le fais quand même et considère que tu n'auras pas volé ce qui va t'arriver. Tu peux me dire, Roméo, là, les yeux dans les yeux, ce que tu reproches aux homosexuels ? Est-ce que tu as conscience de la stupidité de la bande que tu fréquentes ?

Nicolas se leva de derrière le bureau où se tenaient les deux gendarmes.

– Oui, tu t'en tires bien, Roméo. Mieux que le jeune homme qui a perdu sa jambe. C'est grâce à son témoignage que tu t'en sors ainsi, mais Léopold Lescuyer est ton voisin. Je me demande jusqu'à quel point son témoignage n'est pas un cadeau qu'il te fait.

« Léopold Lescuyer » ?

Le trou noir qui m'avala n'avait pas de fond. Était-ce ça, la mort ?

REDIS-LE-MOI

La nuit tombe peu à peu sur la Maison des Ursulines. Juliette et moi avons terminé le récit de notre enfance. Le docteur Costantini semble nous avoir oubliés. Il est peut-être rentré chez lui. Le silence est si impressionnant qu'il nous donne l'impression d'être seuls sur terre, veillant ce corps immobile, enfoui sous un drap. Il est relié à un sursaut de vie par des tubes et des appareils. On ne voit que la tête, qui ressemble à une vieille pomme, et les deux mains posées comme deux feuilles mortes sur le drap.

Je regarde Juliette, sans rien dire. Elle me regarde aussi, observant le même silence. Nos récits sont devenus des murs érigés durant ces trois heures vécues dans cette chambre. Des murs infranchissables, qui s'élèvent entre nous. Pour toujours.

La beauté de Juliette m'impressionne. J'ai oublié, durant ces derniers mois, à quel point elle est belle. J'ai voulu l'oublier.

Roméo et Juliette.

Associer les deux prénoms, après nos récits, devient sinistre. Roméo sans Juliette.

Je dois émettre une sorte de plainte, car Juliette dit, la voix inquiète :

– Oui, Roméo ?

– Je suis désolé, Juliette.

Il n'existe probablement pas de phrase plus convenue, plus ordinaire, donc plus absurde, à prononcer à ce moment-là. Juliette hausse les épaules mais conserve le silence. Contrairement à moi, elle est assise très près du lit. Ses genoux effleurent le matelas. Pendant qu'elle se racontait, il lui est arrivé de se pencher. Sa tête venait se mettre si près de celle de mon père qu'elle paraissait lui chuchoter son récit à l'oreille.

– Ce que j'ai fait à Léopold est impardonnable et je ne sais pas quoi te dire.

Juliette a une sorte de sourire.

– Je ne te pardonnerai jamais, Roméo, n'y compte pas. Ma mère ne te pardonnera jamais non plus. Quant à Léo…

Elle se tait. Malgré l'ombre qui commence à investir la chambre, je vois des larmes sur ses joues. Je repousse ma chaise, commence à faire un geste, mais elle tend le bras vers moi.

– Ne bouge pas ! Reste où tu es ! Ne me touche pas… pas maintenant… plus tard, peut-être.

Le silence se réinstalle. Qui, le premier, décidera de s'en aller ? Moi, probablement, puisque rien ne me retient plus dans cette chambre. Pourtant, quand je vois Juliette bouger, la panique s'empare de moi. Elle part ? Déjà ? Il faut que j'agisse, dise n'importe quoi pour la retenir. Je commence à parler même si, à mon grand soulagement, je constate que Juliette se contente d'allumer la petite lampe posée à la tête du lit. La crudité de la lumière blanche, pourtant réduite à un cercle étroit, souligne l'agonie de Serge Lopez.

– Je me demande, Juju, comment tu as pu réussir ton examen malgré les événements que tu vivais au moment du bac. Ton frère, l'incendie de la maison de tes voisins, tout ça, quoi. Tu aurais pu rater l'examen à cause de moi.

Je désigne l'oreiller.

– Et à cause de lui.

J'accuse même mon père de l'incendie, comme s'il avait choisi exprès ce jour-là pour subir le désastre qui l'a réduit à l'état de mort vivant. Juliette a de nouveau cet étrange sourire que je ne parviens pas à interpréter.

– Juju… Je n'aime plus ce surnom. Appelle-moi Juliette.

Elle recule sa chaise, de façon à pouvoir allonger les jambes. Elle s'étire, laisse son dos partir vers l'arrière, cherchant ainsi à détendre ses muscles endoloris.

– J'ai réussi mon bac, oui, malgré tout.

Elle soupire, répète « oui, malgré tout », ses lèvres se pinçant de dégoût, comme si elle percevait une mauvaise odeur.

– J'ai réussi parce que je ne pensais qu'à ça, ne vivais plus que pour ça. J'étais une montagne d'égoïsme et

Brigitte en était une aussi. C'est mon égoïsme qui m'a fait réussir, en dépit du chagrin.

Où veut-elle en venir ? Elle croise les mains derrière la nuque, tire, provoquant un craquement des os.

– D'une certaine façon, je suis aussi coupable, Roméo. Il y a beaucoup de choses que tu ignores encore.

Ce que dit Juliette me paraît sans intérêt. Des paroles de circonstance qui cherchent à adoucir ma culpabilité, à gommer mes remords. Elles manquent de sincérité. Je pense plutôt au chauffeur de taxi qu'il me faut appeler, malgré l'heure tardive. Il viendra me prendre à la Maison des Ursulines, me conduira à Dijon. Quelques jours plus tard, un train m'emportera vers le Sud où une amie de Costancia me prêtera un appartement pendant deux ou trois mois. J'espère que Sponge dispose d'un autre chauffeur de taxi que Poissard.

– Tu te rappelles que j'ai parlé à ton père, deux jours avant le bac ? demande Juliette.

Bien sûr. Je pourrais presque répéter chaque mot. Je hoche la tête.

– Alors, tu te souviens qu'il voulait rencontrer Punchskin et le massacrer s'il ne te laissait pas tranquille.

Je n'essaie même pas de retenir mon ricanement, tout en lorgnant la forme allongée sous le drap.

– Ben tiens ! Un beau discours pour se racheter et essayer de me retenir à la maison. Des paroles. De toute façon, elles arrivaient trop tard. Où il était mon… mon père, avant que j'écrive la lettre annonçant mon départ ? Aux abonnés absents, comme on dit.

Juliette baisse la tête. Son menton se pose sur sa poitrine, presque entre ses seins, comme si elle voulait attirer mon attention sur les battements accélérés de son cœur sous le T-shirt rose pâle.

– Tu te trompes, Roméo. Et je me suis trompée aussi. Serge était certain que tu partirais, qu'il ne te reverrait jamais. Cette décision l'épouvantait et le rendait terriblement malheureux. Alors, quand il a trouvé ta lettre...

Je répète « ben tiens », d'une façon mécanique, mais sans amertume cette fois, comme si je commençais à croire Juliette. Pourtant, j'ajoute le constat censé me protéger de toute émotion.

– De toute façon, Serge n'est pas mon père.

J'évite de regarder le lit en disant ça. Juliette hausse les épaules.

– Le dire sans arrêt, Roméo, ne te mènera nulle part. Tu te mens à toi-même et tu le sais. Écoute plutôt ce que je vais te raconter.

Elle se réinstalle plus normalement sur la chaise, le dos très droit, les jambes croisées. La position de quelqu'un qui a beaucoup à dire. La jupe glisse sur ses cuisses. Malgré l'endroit et les circonstances, je ressens une très forte envie de caresser la peau qui se dévoile. Juliette intercepte mon regard et devine mon intention.

– Ne le fais surtout pas, Roméo.

Elle remet sa jupe en place, en murmurant :

– Ce à quoi tu penses, c'était du temps de Roméo et Juliette. Je t'ai demandé de m'écouter. Ton père a tenu parole, le jour de l'accident… le jour de l'incendie.

– Tenu parole ?

– L'épreuve de philo se terminait à quatorze heures. Je suis rentrée à la maison vers quinze heures, ce lundi-là. L'après-midi où vous…

Elle s'interrompt. J'évite de la regarder. L'après-midi incandescent.

– L'après-midi de l'incendie de ta maison. Je voulais travailler, mais ma mère m'a dit qu'il fallait que je me repose dans ma chambre, que je fasse le vide. J'étais là-haut, seule. Je m'ennuyais. J'étais incapable de lire parce que je revivais mon épreuve de philo et je pensais aussi à celle du lendemain. Il faisait beau.

– Le temps idéal pour une bande de crétins dans un square.

– Tais-toi, Roméo. Je regardais le jardin, la rue, ta maison, ta cour et surtout ma montre. Odabe est arrivé chez toi.

– Quoi ?

– J'ai d'abord cru que c'était un des jumeaux, car il utilisait un de leurs scooters. Puis je me suis rendu compte que Punchskin entrait chez toi. Il ne venait pas te voir puisque tu étais absent et, d'ailleurs, Serge ne permettait plus que ceux de la bande entrent chez lui. Donc, ton père l'avait invité… convoqué, plutôt, ainsi qu'il l'avait annoncé.

Une information sidérante.

– Pourquoi tu n'as rien dit, le soir, le lendemain, je ne sais pas, n'importe quand ?

Juliette écarquille les yeux comme si elle cherchait quel sens peut bien avoir ma question.

– Parce que ce jour-là, je ne pensais qu'à moi. Le bac, le bac. Le reste ne comptait plus. Parce que le soir, il y a eu mon frère à l'hôpital, à Dijon, Brigitte partie auprès de lui en me donnant comme consigne : ton bac, tu dois tenir ces trois jours.

Elle soupire. Poursuit :

– Parce que au début, je ne voyais pas ce que signifiait la rencontre entre Serge et Punchskin. Après tout, ce n'était pas la première fois qu'ils se parlaient. Quand ta maison a brûlé, que les pompiers et l'ambulance sont arrivés, cette rencontre n'avait plus d'importance. Il y avait eu un accident, il n'y avait que ça qui comptait. Le scooter n'était plus là. Ma mère et moi avons oublié l'incendie, ton père, tout, parce que nous apprenions la grave blessure de Léopold.

Juliette a un sourire d'épuisement.

– C'était trop. Même pour ma mère et moi, c'était trop. Pourtant, tu as raison, Roméo : comment ai-je pu passer ce foutu examen après ces horreurs ? Comment ai-je pu réussir ce foutu bac ?

Je tends un doigt et dis :

– Avec une mention Très Bien.

Le silence se déploie. Nous cherchons tous les deux comment un pareil « exploit » est possible. Juliette grimace.

– Je préfère ne pas donner de réponse. Quand je cherche une explication, j'ai peur de moi, peur de ma mère et même peur de Léopold qui m'a téléphoné de l'hôpital et m'a dit : « Tu réussis, ma Juju. Je t'en supplie, fais-le pour moi sinon je porterai la culpabilité de cet échec toute ma vie. »

J'effleure l'épaule de Juliette, mais ma main regagne vite sa place, posée sur ma cuisse.

– Ça ne sert plus à rien de revivre ces moments-là.

Je montre le lit d'un mouvement du menton.

– Bon, il a rencontré Odabe ce jour-là. Admettons qu'il ait voulu me protéger. C'était trop tard, il agissait par égoïsme, pour que je reste à Sponge. Peu importe que Punchskin ait vu mon père ce maudit lundi, la rencontre ne change pas les événements.

– Si, dit Juliette.

Elle bouge sa chaise, comme si elle l'arrimait au sol de façon à être bien en face de moi. Ses genoux touchent presque les miens. Elle me fixe durant quelques secondes, attendant que je l'interroge. Mais pourquoi je le ferais ? De toute façon, notre discussion n'aboutira qu'à l'affreuse réalité : Léopold. La rencontre de Punchskin et de mon père ne me concerne plus. La maison en feu ne me concerne pas. Pas plus que ne me concerne cet homme plongé dans un coma irréversible. Je me dis qu'après tout, c'est peut-être ça qu'on appelle la justice divine. Par lassitude, je pose quand même la question que Juliette attend :

– Cette rencontre change quoi ? Léopold récupère sa jambe ?

Juliette repousse mon genou avec le sien. Presque une caresse.

– Roméo, s'il te plaît... Maintenant, tu m'écoutes pendant quelques minutes sans m'interrompre.

Elle se racle la gorge, glisse un doigt le long de l'arête de son nez et pendant ce temps, j'adopte ironiquement l'attitude du bon élève écoutant son professeur. Je respire le léger parfum citronné que dégagent les cheveux de Juliette.

– Plus tard, j'ai repensé à cet incendie survenu le jour de la venue d'Odabe. Cette coïncidence était étrange. Les gendarmes parlaient d'accident dû probablement à un court-circuit provenant d'une installation défectueuse bricolée par Serge. Ton père a été asphyxié par de forts dégagements de fumée qui ont provoqué un accident vasculaire cérébral. Je me demandais pourquoi Punchskin n'avait pas dit aux gendarmes qu'il avait rencontré Serge Lopez ce jour-là, peu de temps avant l'incendie.

Je grogne :

– Évidemment. Il ne voulait pas que les flics mettent leur nez dans sa vie.

– S'il te plaît, Roméo, tais-toi. Oui… Oui, peut-être… Pourtant, je me suis mise à penser qu'Odabe et l'incendie avaient un lien. Je songeais souvent à ma discussion avec Serge : il « massacrerait » Punchskin s'il ne te rendait pas ta liberté. Ton père espérait soit que tu ne partirais pas, soit que tu reviendrais à Sponge. Il voulait se racheter parce qu'il t'aimait plus que tout, parce que tu étais son fils, la dernière ancre le rattachant à la vie. J'ai imaginé que les deux hommes s'étaient peut-être battus, que… je ne savais pas ce qu'ils s'étaient dit, ce qu'ils avaient fait, mais s'ils s'étaient affrontés, l'incendie de la maison pouvait s'expliquer autrement. Ces suppositions devenaient de plus en plus angoissantes, et…

Juliette marque une pause. Elle semble réfléchir, se demander si elle va continuer à se taire ou continuer à parler. Elle se touche les lèvres d'un doigt hésitant, puis poursuit :

– Je suis venue voir ton père chaque semaine, depuis qu'il est à la Maison des Ursulines. Il y a trois jours, le docteur Costantini m'a avertie que c'était la fin, qu'il n'y avait plus d'espoir de le sauver. Alors, je me suis dit que quelles que soient ses responsabilités, Serge ne méritait pas de mourir sans que nous sachions ce qui s'était vraiment passé pendant cet après-midi de lundi. Peut-être que je voulais aussi me racheter, effacer cet égoïsme qui m'a dévorée. En tout cas, je suis allé voir Odabe.

– Quoi ? Mais tu es complètement dingue !

Je me jette hors de ma chaise. La peur commence à me grignoter le ventre. Punchskin est un loup qui adore croquer les petits chaperons rouges sans défense. Juliette sourit.

– Je n'ai que dix-huit ans, mais je sais me défendre, Roméo. Je me doutais que ce type était surtout une grande gueule et un lâche. J'ai pris des précautions. L'Escale était fermé, comme il l'est souvent depuis des mois. Ma mère m'attendait dans la voiture garée devant le bar. Odabe aurait pu être absent, mais je savais qu'il venait de temps en temps à L'Escale pour préparer la vente de son commerce. J'ai eu de la chance, il était présent.

– Mais à quoi ça servait de lui parler ? Tu espérais quoi ?

Mes mots trépignent de colère. Approcher Odabe, c'est risquer des ennuis. Je suis bien placé pour le savoir. Juliette tapote ses lèvres du bout des doigts, montrant ainsi son impatience. Puis elle hoche la tête, dit : « Calme-toi et assieds-toi, je n'ai pas terminé. »

– J'espérais rencontrer un sinistre crétin, poursuit Juliette, tellement crétin qu'il ne résisterait pas au plaisir de rouler les mécaniques devant une jolie fille. Il voudrait étoffer son personnage, m'impressionner, me prouver qu'il était exactement ce que la rumeur disait de lui. Les types qui veulent impressionner les filles en exhibant leur brutalité animale se manipulent facilement.

– Et après, tu ressortais triomphante de L'Escale, te disant que tu vaux cent mille fois mieux qu'Odabe. Parfait. Et ton mépris ainsi satisfait te menait à quoi ?

L'ironie remplace maintenant la colère. Juliette se penche, fouille son sac. Elle en retire un objet très semblable à un téléphone portable.

– Ma rencontre avec Punchskin m'a menée à ça.

Sa main droite agite l'objet.

– J'avais ce sac d'été avec moi, le jour de ma visite à Odabe. Il contenait cet appareil que Léopold utilise à la fac. Ce n'est pas un téléphone portable, Roméo, même s'il en a les apparences, mais un enregistreur de voix Sony. Léo enregistre ses cours de droit à la fac et aussi ses entretiens quand il fait des stages. Il réécoute tout tranquillement, chez lui, après.

Je regarde la main qui continue à agiter l'enregistreur. Une sorte de râle filtre entre mes lèvres : « Putain ! » Juliette se tait. Je répète « Putain ! », puis :

– J'y crois pas ! Tu as enregistré ce que disait Odabe ? Comme dans les films, dans les bouquins ? Tu étais folle ou quoi ? Tu n'étais pas dans un film. Si Punch avait repéré ton manège… De toute façon, enregistrer quoi ? Jouer les espionnes pour entendre quoi, hein ?

Juliette dépose le Sony sur le drap du lit, sur la poitrine de mon père ou plutôt ce que je supposais être sa poitrine, réduite à une bosse.

– Odabe était derrière son comptoir. Il le nettoyait. J'ai mis mon sac sur le bar, le laissant ouvert. Je ne risquais rien. Si ce salaud jetait un coup d'œil de ce côté-là, il ne verrait pas grand-chose, sinon une forme floue, semblable à celle d'un téléphone.

Je ne parviens pas à me débarrasser de ma peur, ce qui n'a pas de sens puisque Juliette est ici, près de moi, qu'elle possède l'enregistreur. Il n'y a donc pas eu de problèmes. J'avale plusieurs fois ma salive avant de recommencer mes reproches.

– C'était gonflé. Tu risquais un maximum à te prendre pour un personnage des romans que tu lis. Odabe, lui, il est vrai, pas une invention d'écrivain.

Pendant que je débite mes reproches, je songe que Juliette a pris ces risques pour moi. En pensant à moi et pas seulement à son voisin Serge Lopez agonisant à la Maison des Ursulines.

– Oui, reconnaît Juliette, c'était sans doute un peu dingue, comme tu dis, mais ce que Punchskin a raconté l'est encore plus. Je lui ai dit tout de suite que je l'avais vu entrer dans la maison de ton père, l'après-midi de l'incendie et que j'irais l'annoncer aux gendarmes parce que je trouvais cet incendie bizarre, survenant juste après son passage. Je trouvais louche aussi le fait qu'il n'ait pas parlé de sa venue au Petit Clocher. Odabe m'écoutait, un sourire de mépris pendu aux lèvres.

La main droite de Juliette rampe vers le Sony.

– J'étais tellement furieuse de le voir ricaner alors que je lui parlais d'un événement grave que je ne me suis plus contrôlée. Je pensais aussi qu'il était responsable de ce qui était arrivé à Léopold, même s'il n'était pas présent dans le parc.

Son index se pose sur une touche de l'enregistreur.

– Je l'ai fixé droit dans les yeux et je lui ai dit : « Je crois que vous avez mis le feu à la maison de Serge Lopez. J'ignore ce qui s'est passé là-bas, mais je pense que vous êtes responsable de ce drame et je le dirai aux gendarmes. » Écoute sa réponse, Roméo.

Le doigt enfonce la touche. D'abord, j'ai l'impression que Juliette se répète car j'entends : « J'ignore ce qui s'est passé là-bas, mais je pense que vous êtes responsable de ce drame et je le dirai aux gendarmes. » Il y a deux ou trois secondes de silence avant que l'énorme rire de Punchskin ne s'échappe du Sony.

« Putain, la meuf, on dirait que tu en as entre les jambes, toi ! Tu crois m'impressionner, ma jolie ? Personne ne m'a jamais fait peur et personne ne me fera jamais peur. Ben ouais, tu as raison, ma chérie, j'ai cramé la baraque de ce traître de Serge Lopez. Une lopette, le Serge. Il n'avait rien à faire dans les rangs d'Aube nouvelle. J'ai commis une belle erreur de casting. Il m'avait convoqué chez lui pour me menacer, alors là chapeau, menacer Odabe, il fallait oser. Il pleurnichait, répétait que son Roméo était tout pour lui, qu'il était sa vie, qu'il avait raté l'éducation de son fils, que c'était de sa faute s'il nous fréquentait, que nous étions des voyous et patati et patata... Mon fils, mon fils, mon Roméo, mon Roméo, un disque rayé... »

Une interruption. Une toux. Puis :

« Le bouquet, après les pleurnicheries. Il m'a dit : "Mon fils est parti, il m'a laissé une lettre, il ne veut plus vivre à

Sponge, mais je me lancerai à sa recherche jusqu'à ce que je le retrouve, alors il me pardonnera, il reviendra près de moi." Le vieux s'est mis à chialer. Il parlait tout seul, racontant n'importe quoi, qu'il avait eu tout faux quand son gosse était gosse, qu'il voulait que son môme soit un dur et voilà où ça l'avait mené, même que quand il ne le trouvait pas assez mariole, pas assez résistant, il le traitait de p'tit pédé et en disant "p'tit pédé" le vieux pleurait encore dix fois plus. »

Un ricanement. Une toux grasse de fumeur. Puis :

« Lopez a pété les plombs, il est devenu cinglé à deux cents pour cent. On était dans sa cuisine, il a sorti un fusil de chasse d'un placard, mais oui, mais oui ma belle, il a osé menacer Patrick Odabe d'un flingue, m'annonçant que si je tournais encore autour de son Roméo quand il reviendrait à Sponge, que si j'entraînais encore son fils dans ma bande, il me criblerait de deux balles à sangliers. Ça, ma chérie, personne ne l'a fait et je n'autoriserai jamais personne à menacer Punchskin sans qu'il le regrette jusqu'à la fin de son existence. »

La voix de Juliette. Mince.

« Serge Lopez n'aurait pas tiré sur vous. »

Un silence, puis des bruits de verres malmenés.

« Exact, ma belle. Serge n'était pas autre chose qu'une larve et je me trompais en l'imaginant servant notre cause. Je me suis avancé vers lui, j'ai pris le fusil par le canon et il a cédé sans résistance. Il s'est remis à chialer en bafouillant je ne sais quoi. »

La voix de Juliette.

« Mais vous n'êtes pas parti. »

Odabe :

« Je me sers une vodka. Tu bois un coup avec moi ? Non ? Je m'en doutais. Bon, dégonflé ou pas, Lopez m'avait menacé et on ne menace pas Punchskin, ou alors on le regrette et Lopez l'a regretté. »

La voix de Juliette.

« Vous avez mis le feu à la maison. »

Bruit d'applaudissements.

« Bravo, cinq sur cinq, ma belle, encore que je ne voulais pas tant de mal à sa baraque. C'est de sa faute. Il s'est passé quelque chose que je n'avais pas prévu. Bref, je suis parti. Le garage était ouvert, avec tout un bordel à l'intérieur, des bidons d'huile, des vieux pneus et c'est en voyant ce binz que j'ai eu l'idée de donner une leçon au vieux. J'ai versé l'huile sur les pneus, enflammé un chiffon et hop. »

Interruption. Puis :

« Pas de quoi ouvrir ton bec comme ça, ma belle. Je ne suis pas un sauvage. J'ai dit "une leçon", pas autre chose, donc je suis revenu dans la maison, j'ai utilisé le téléphone de Lopez et appelé les pompiers. Tu vois que je ne voulais pas un drame, juste lui foutre la trouille, mais là ça a foiré un peu. »

La voix de Juliette.

« Foiré ? »

« Lopez s'était bouclé dans sa cuisine. Enfermé à clé. Le vieux avait perdu les pédales. Je lui ai crié à travers la porte de sortir, que ça cramait dans le garage mais qu'avec un extincteur et des seaux de flotte il pouvait encore stopper le truc, mais il répondait : "Allez-vous-en." »

Un long silence. Puis :

« Je crois que le vieux voulait mourir. Tu vois, à mon avis, ce qui est arrivé est plutôt un accident qu'autre chose. En tout cas, moi j'ai fait ce que j'ai pu. Je ne pouvais pas rester plus longtemps sur place, vu que les pompiers et les flics allaient se pointer. »

Un silence. Puis, la voix de Juliette :

« Vous êtes un criminel. Vous avez assassiné Serge Lopez. »

« Hé, ho, ma jolie, grimpe pas au mur comme ça. Ce que tu dis est inexact. Lopez savait qu'on ne menace pas Punchskin, donc il a pris ses responsabilités en jouant au dur. Moi, j'ai essayé de le tirer du merdier dans lequel il s'était fourré et s'il est devenu maboul, qu'est-ce que j'y peux ? »

La voix de Juliette.

« Vous êtes un fou dangereux et vous irez en prison. »

Bruit de vaisselle qui se casse. La voix d'Odabe, rugissante.

« Putain, tu vois ce que tu me fais faire ! Trois verres de foutus ! Au prix de la vaisselle… Qu'est-ce que tu crois, ma chérie, hein ? Tu crois encore au Père Noël, à ton âge ? Si je t'ai raconté toute cette connerie d'après-midi chez le vieux, c'est parce que… »

La voix de Juliette.

« N'approchez pas, ne me touchez pas où je hurle ! »

Rire d'Odabe.

« Bonjour la tigresse ! Pourquoi je te toucherais, ma belle ? T'es rien... rien du tout, pas davantage qu'un moustique s'attaquant à un lion. Tu iras chez les flics ? Pour leur dire quoi ? Des mois après l'incendie, tu te ramènerais le bec enfariné, déclarant aux keufs : "Voilà, j'ai vu entrer Punchskin chez mon voisin, il a mis le feu." Les keufs vont hurler de rire et moi je leur dirai tranquillement que j'étais à L'Escale en train de terminer l'inventaire de mon commerce avant de le vendre. »

La voix de Juliette.

« Je ne crois pas que la police rira. Elle vous enfermera dans une cellule pendant des années. »

« Serge Lopez va mourir. Je me suis renseigné. Il n'est plus qu'un légume dans un lit : il ne parle pas, il ne bouge pas et même s'il y avait un miracle, il ne parlera plus jamais et ne bougera plus jamais. Qui confirmera ton histoire, ma belle ? Le légume ? Lopez dans son cercueil ? »

Ricanement d'Odabe. Puis :

« N'empêche que, même si tu ne peux rien contre moi, je te conseille de rester peinarde et de ne pas perdre ton temps avec les keufs. Parce que si l'envie te prend de jouer à Zorro, alors barre-toi vite de Sponge et pour toujours. N'oublie pas ce que je t'ai dit : personne ne menace Punchskin et si tu oublies ça, alors je t'en ferai voir de toutes les couleurs. Il n'y aura pas un seul jour pendant lequel tu ne regretteras pas ta stupidité. »

Silence. Puis :

« Maintenant, ma jolie, tire-toi de L'Escale, je t'ai assez vue et crois-moi, évite de traîner dans les rues de Sponge une fois la nuit tombée, ce serait malsain pour toi. »

La main de Juliette se pose sur l'enregistreur. Un doigt enfonce la touche du son.

Je suis KO. Sans voix.

Juliette range le Sony dans son sac. Elle se lève.

– Ton père entend la bande pour la deuxième fois.

Je ne dis toujours rien. Hébété.

Juliette se dirige vers la porte.

– Je te laisse avec ton père. Je suis certaine que tu veux lui parler.

Elle s'interrompt, ouvre la porte de la chambre et se retourne.

– Ce matin, j'ai déposé une copie de l'enregistrement à la gendarmerie.

J'entends le chuintement de la porte qui se referme derrière Juliette.

Je tiens la main de mon père, l'emprisonne dans la mienne et la presse comme si j'espérais ainsi empêcher la mort de le prendre. Mes larmes coulent sur les doigts maigres, aussi fragiles que les pattes d'un oiseau.

– Papa… papa…

Ça ne sert plus à rien, maintenant. Trop tard.

– Pardon, papa. Je t'aime, papa, tu ne sais pas combien ton fils t'aime.

Je me mets à parler. Je n'ai jamais autant parlé à mon père, dit autant de mots, posé autant de questions qui demeureront sans réponse. Le silence seul est là, en retour. C'est terrifiant de se dire que jamais le passé ne pourra être effacé.

– Oh papa, si seulement tu pouvais m'entendre, si seulement tu pouvais m'appeler une dernière fois « p'tit pédé », comme quand j'étais enfant et que tu étais en colère contre moi. Je saurais alors que tu m'entends, que tu me pardonnes, que tu m'aimes toujours, que nous pourrions tous les deux enfin marcher sur la même route. Oh papa, si seulement je t'entendais dire « p'tit pédé ».

Un râle. Ma respiration se bloque. Mon père meurt ?

Je fixe intensément ses lèvres, y cherchant la preuve d'un souffle, la preuve d'un reste de vie. Je sens un frémissement dans ma main.

– Papa !

Les lèvres de mon père s'animent. À peine. J'approche mon visage le plus près possible. Les lèvres dessinent des mots. Je les lis : mon p'tit pédé.

Les lèvres de papa dessinent trois fois « mon p'tit pédé ».

Après…

Je ne sais plus.

À un moment, je comprends que le docteur Costantini est dans la chambre, près du lit. Il a posé sa main droite sur mon épaule. Sa voix me parvient :

– C'est fini, Roméo. Ton père est mort.

ÉPILOGUE

Des semaines plus tard.

Ces semaines, après l'enterrement de papa, je les passe à Dijon, chez mamie Costancia.

Odabe est en prison, dans l'attente de son jugement. Juliette et moi avons été entendus de nombreuses fois par la police. La bande de Punchskin… Ceux qui étaient en prison en sont sortis. Ce qui s'est produit au parc Camus donnera lieu à un procès. Les responsables ont à peu près tous quitté Sponge ou la région. Pas Brutus, devenu épave alcoolique, allant de bar en bar. L'Escale n'existe plus. Le bâtiment est devenu une agence bancaire.

Je suis sur le quai de la gare, à Dijon. Mon train pour Marseille part dans cinq minutes. J'ai signé un engagement au 27e RI. Je bénéficierai de quatre mois de formation et après, si je suis un bon élément, on me confiera des missions en Afrique ou ailleurs.

Juliette est présente. On ne se dit pas grand-chose. On s'est sans doute tout dit durant ces dernières semaines.

À moins que… À moins que la séparation définitive, qui commencera quand je grimperai dans le TGV, nous pétrifie de chagrin tous les deux.

« Le TGV 2021, en provenance de Paris, entre en gare quai numéro 5. Deux minutes d'arrêt. Ce TGV, à destination de Marseille, partira à 10 h 55. »

Je consulte ma montre. Juliette en fait autant. On se regarde. C'est le moment.

Je grimpe les deux marches de la voiture 3. La mienne, place 42. J'ai lu cent fois les informations inscrites sur mon billet. Je me retourne. Pas de mot dramatique, surtout pas de mot dramatique et ne pleure pas. Un vague geste de la main. Un sourire aussi douloureux que si mes lèvres s'ouvraient sous le tranchant d'un couteau.

– Salut, Juliette.

– Salut, Roméo.

Un type veut entrer. Il me bouscule, grogne : « Bon, vous vous décidez à avancer, le train va partir. »

J'obéis. J'entends une dernière fois la voix de Juliette.

– Roméo ! J'ai rêvé cette nuit que j'épousais un beau militaire. Les rêves se réalisent si on y croit.

Il y a une nouvelle annonce au micro, suivie d'une bousculade autour de moi. La porte du TGV se referme.

J'entends la voix de mon père qui dit : « Il n'y a que les p'tit pédés qui pleurent, Roméo. »

Et je pleure.

TABLE

DERNIERS TITRES PARUS DANS LA MÊME COLLECTION

La voix de la meute - Tome 3, Les origines, **Gaia Guasti**

« Dans la douceur inhabituelle qui berçait le Serre des Âmes, une nuée de mouches bourdonnait au-dessus d'une crevasse.

Au cœur des broussailles, frappée par un rayon de soleil, luisait une pupille ouverte, figée.

Le sang avait séché autour de la blessure et, dans l'air immobile, les relents de viande corrompue remontaient les flancs de la ravine.

C'était l'odeur qui avait attiré Tristan jusque-là.

En haut de l'escarpement, inquiet, le jeune homme observait l'essaim d'insectes qui trahissait la présence du cadavre.

Il se laissa glisser dans la faille et, en écartant les fougères, découvrit la carcasse d'un sanglier. Son pelage dru s'érigeait comme une armure brisée autour des viscères, frémissants de vers.

Tu t'es caché pour mourir, pensa Tristan.

En fermant les yeux, il devina ce qui avait dû se passer. »

(Extrait du chapitre 1)

Mère forte à agitée, **Jenny Jägerfeld**
traduit du suédois par **Agneta Ségol** et **Marianne Ségol-Samoy**

« Il était une heure moins le quart le jeudi douze avril, la veille du jour international du malheur imaginé, et je venais de me trancher le bout du pouce gauche avec une scie sauteuse.

J'étais incapable de détacher les yeux de mon pouce, enfin, de ce qu'il en restait. De sa peau blanchâtre de fin d'hiver et de la matière rouge à l'intérieur. La chair. J'ai constaté avec lucidité que la coupe était relativement nette. C'était une bonne chose, non? J'ai fouillé dans ma mémoire à la recherche d'expériences pertinentes, mais sans succès. Il n'y avait qu'un grand vide. Mes connaissances en membres tranchés étaient limitées. Le sang s'est soudain mis à gicler tel un petit geyser, rendant l'endroit tranché difficile à observer.

La scie est tombée par terre. Je l'avais peut-être lâchée? À moins que je l'aie jetée? Je ne me souviens pas. J'ai pris mon pouce dans ma main droite et j'ai serré très fort. Tellement fort que mes jointures ont blanchi. Une seconde a passé, puis encore une. Je voyais la scie se déplacer par terre, actionnée par les vibrations frénétiques de la lame. »

(Extrait du chapitre 1)

La voix de la meute - Tome 2, Les prédateurs, Gaia Guasti

« Une puanteur insoutenable de sueur et de draps rances émanait de la chambre.

Sur le pas de la porte, Ludo hésita, repoussé par l'odeur révoltante.

– Ludovic ! appela à nouveau la voix pâteuse de son père, imbibée d'alcool comme devaient l'être son foie et le débardeur crasseux qu'il n'avait pas changé depuis des jours.

Essayant de vaincre sa répulsion, le garçon avança d'un pas.

Assis sur le lit, son paternel tentait maladroitement de boutonner sa chemise.

– Putain de merde...

Ses mains tremblaient. Les yeux gonflés trahissaient un sommeil mauvais, déréglé. Il était trois heures de l'après-midi et le Gris ne s'était pas levé de la journée.

Ludovic posa un regard impassible sur le spectacle désolant qu'offrait la pièce. Des tas d'habits jonchaient le sol, des taches d'humidité salissaient les murs. Au centre de ce désastre, gisait cet homme qui était son père, et qui n'arrivait plus à trouver la boutonnière.

En un an, le paternel avait vieilli d'un coup. »

(Extrait du chapitre 1)

Il était une fois au pays des Indiens, Nils Mohl
traduit de l'allemand par Brigitte Déchin
et Bernadette Guesnard-Meisser

« J'ai besoin d'une voiture, j'ai besoin d'argent, j'ai besoin de sommeil. Ce que j'ai, c'est une casquette, la perceuse d'Edda, et encore cinq jours de vacances d'été. J'ai un problème avec Edda. Avec Jackie aussi. Elle m'a tourné la tête dans les règles de l'art, pas plus tard que la semaine dernière. Maintenant, elle est partie. Faire la fête pendant plusieurs jours au Festival de la frontière – non, au *pow-wow* (aucune idée de ce que c'est vraiment comme genre de manifestation). Mauser est parti lui aussi. Et moi ? Je suis resté là. Devinez comment je me sens. Et puis, tant que vous y êtes, donnez-moi donc un tuyau pour comprendre pourquoi ce chef indien semble depuis peu me suivre à la trace : longs cheveux noir de jais, couronne de plumes d'aigle (Far West plein pot : à mourir de rire, haha). C'est qui au juste, cet Indien ? Il surgit tantôt ici, tantôt là, ne desserre pas les dents. Mon frère peau-rouge. Le plus inconcevable – mais vous le savez déjà : Zöllner a tué sa femme. Étranglée lors d'une dispute. Zöllner ! »

(Extrait du chapitre 1)

La Guerre des singes, **Richard Kurti**
traduit de l'anglais (Royaume-Uni) par **Valérie Dayre**

« L'assaut eut lieu à midi.

Les singes assiégés poussèrent des glapissements de panique. Les assaillants langurs, dévalant des murs du Cimetière en une tornade de fureur guerrière, se répandaient parmi les tombes tel un flot dévastateur. Peur et terreur surgirent en tous lieux. Et dans les hurlements monta l'odeur du sang.

Ce fut si rapide, si effrayant que Papina eut à peine le temps de penser.

Au moment de l'attaque, elle était en train de se délasser dans la tranquillité tachetée de soleil ; soudain, sa mère l'avait saisie pour bondir dans les banians, abandonnant tout dans leur fuite éperdue.

Ballotée de branche en branche, cramponnée à sa mère, Papina regarda vers le bas et vit le raz-de-marée des singes langurs qui submergeait le Cimetière. Ils fondaient sur leurs victimes avec des braillements féroces puis les tiraient dans l'ombre afin de les y achever ; les griffes langurs déchiquetaient sans pitié la chair rhésus. »

(Extrait du chapitre 1)

Justice pour Louie Sam, **Elizabeth Stewart**
traduit de l'anglais (Canada) par **Jean Esch**

« Je m'appelle George Gillies. Mes parents sont écossais et je suis né en Angleterre, mais depuis que nous avons émigré, nous sommes tous américains maintenant. Nous vivons près de la ville de Nooksack, sur le Territoire de Washington, juste au sud de la frontière avec la Colombie-Britannique, une province du Canada. Maman dit qu'en nous entendant parler, nous les enfants, on pourrait croire que nous sommes nés ici.

En Écosse et en Angleterre, mon père, Peter Gillies, cultivait les terres des riches propriétaires fonciers. Il aimait raconter, à quiconque voulait bien l'écouter, que nous étions venus en Amérique par goût de la liberté. Mais il s'empressait d'ajouter, avec un clin d'œil, qu'il était surtout intéressé par les terres achetées pour une bouchée de pain à des bûcherons de la vallée de Nooksack. Père estimait que c'était une bonne affaire car ces terres avaient déjà été débarrassées des sapins de trente mètres de haut qui poussaient dans cette région. Notre maison est une petite construction en rondins fabriquée avec ces sapins justement, mais nous avons prévu de bâtir une vraie maison en planches avec un étage, un jour. »

(Extrait du chapitre 1)

L'été où papa est devenu gay, **Endre Lund Eriksen**
traduit du norvégien par **Aude Pasquier**

« 29 juin, 15 h 33

On a passé un super été, même si nos pères sont devenus gays. Il a fait tellement beau qu'on s'est baignés presque tous les jours. On a pêché des tas de poissons dans le trou d'eau. Certains étaient tellement gros qu'on les a gardés au lieu de les rejeter dans la rivière comme d'habitude. (On les a donnés au chat de Lisbeth pour éviter que nos pères aient la bonne idée de les faire cuire ; la truite, ça pue.) On a mangé des framboises sauvages et piqué des fraises chez Dieter. Et on est montés plein de fois s'asseoir en haut de la colline Højemåsen. Sans parler. Juste pour contempler l'endroit où vient s'encaisser le fjord de Thordukku.

Les auteurs de ces lignes sont : Indiane, 12 ans, et Arvidsjaur, 13 ans. On n'est pas ensemble. (Et même si on signe tous les deux dans le livre d'or des WC, on ne s'installe pas sur le trône en même temps, si c'est ce que vous croyez : on s'assied chacun sur sa lunette de toilette. On vient juste là pour avoir un endroit où se mettre quand il pleut.) »

(Extrait du chapitre 1)

Cet ouvrage a été achevé d'imprimer sur Roto-Page en écoutant Prokofiev
pour le compte des éditions Thierry Magnier
par l'Imprimerie Floch à Mayenne en avril 2015
Dépôt légal : mai 2015
N° d'impression : 88298
Imprimé en France